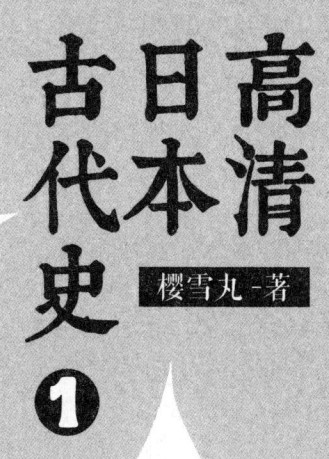

高清日本古代史

櫻雪丸 - 著

①

重慶出版集團 重慶出版社

图书在版编目(CIP)数据

高清日本古代史.1/樱雪丸著. — 重庆：重庆出版社，2019.10

ISBN 978-7-229-14363-3

Ⅰ.①高…　Ⅱ.①樱…　Ⅲ.①日本—古代史—通俗读物　Ⅳ.①K313.209

中国版本图书馆CIP数据核字(2019)第169915号

高清日本古代史1
GAOQING RIBEN GUDAISHI 1
樱雪丸　著

丛书策划：李　子　李　梅
责任编辑：李　梅　李　子
责任校对：朱彦谚
封面设计：九一设计

重庆出版集团
重庆出版社　出版
重庆市南岸区南滨路162号1幢　邮政编码：400061　http://www.cqph.com
重庆市国丰印务有限责任公司印刷
重庆出版集团图书发行有限公司发行
E-MAIL:fxchu@cqph.com　邮购电话:023-61520646
全国新华书店经销

开本：710mm×1000mm　1/16　印张：12.25　字数：246千
2020年3月第1版　2020年3月第1次印刷
ISBN 978-7-229-14363-3
定价：42.00元

如有印装质量问题，请向本集团图书发行有限公司调换：023-61520678

版权所有　侵权必究

目录

序章：三皇五帝和天照大神　　　　　　001
第一章　汉委奴国王　　　　　　　　　005
第二章　帅升　　　　　　　　　　　　012
第三章　卑弥呼　　　　　　　　　　　022
第四章　太伯之后　　　　　　　　　　032
第五章　渡来人　　　　　　　　　　　055
第六章　倭五王　　　　　　　　　　　079
第七章　苏我马子　　　　　　　　　　100
第八章　圣德太子　　　　　　　　　　116
第九章　小野妹子　　　　　　　　　　135
第十章　山背大兄王　　　　　　　　　147
第十一章　中臣镰足　　　　　　　　　162
第十二章　宝皇女　　　　　　　　　　175

序章：三皇五帝和天照大神

·黄帝与伏羲

作为一个中国人，我们一般会说：我们都是炎黄子孙。

然而作为一个日本人，他们通常会讲：我们都是天照大神的后裔。

老实说，这两句话都挺客套的。

炎黄子孙这纯属一个泛指的概念，你跟隔壁老王未必真的都是黄帝和炎帝这两人的子孙，只是说大家的祖先很有可能都来自于炎黄这两位的部落所在，也就是中华民族的发祥地之一：河洛中原。

注意两个词：可能，之一。

中华民族或者说中华文明从来都不是一个单一的民族或文明，而是一个融合体。在最初的最初，它是由黄河流域的河洛文明，长江中上游的西南文明，长江中下游的中南文明以及长江下游的东南良渚文明所共同组成。

河洛文明的代表显然就是炎黄了。

西南和中南两处文明的代表源头应该是蚩尤之后的九黎三苗，这个说法在学界的反对声颇多，但不论是不是，都和我们接下来要说的东西无关，所以管它是谁。

东南呢？

根据闻一多先生的考证，是伏羲。

今天我们关于中华文明的一些烙印式的记忆，比如龙的传人，比如八卦，再比如女娲造人等等，大多都源于东南良渚文明，有的甚至是直接跟伏羲挂钩的。

神话时代之后，便是信史时代。中国信史时代的开端，一般被认为是以河洛为中心的夏商周三朝。

倒也未必。

其实在夏之前，还有一个虞。

虞即便不是像商周那样的王朝，却也绝非单纯的原始部落联盟，从《韩非子》《国语》和《尚书》等古典文献上的记载来看，虞至少应是颇具规模的一方文明。

虞文明的地理范围大致就在东南的江浙沪一带，故而能算得上是良渚文明的延续。其和五帝之一的舜关系很深，甚至有人认为该文明的开创者或是中兴者就是舜帝本人——这也就是为何舜也称虞舜，为何浙江余姚被认为是他的老家，以及为何《尚书》的开篇，便是《虞书》。

在那之后的很长一段时间里，虞都是中华大陆东南地区的代称，比如春秋时代的吴国也叫虞国，为了跟位于山西平陆，假道灭虢故事里的那个虞国相区分，通常也把后者称为北虞。

吴国的开国君王叫太伯，是周太王古公亶父之长子，周文王姬昌之大爷。因为这层关系，司马迁认定吴国是周王朝系统中资历最老的姬姓诸侯国，所以《史记·世家》里排在第一的，正是《吴太伯世家》。

请记住这个名字：太伯。

说了那么一大堆，现在问题来了：这些，和日本有关吗？

当然有。

他是祖宗。

·天照大神

昭和二十年（1945年），日本宣布无条件投降。就此，历时多年的第二次世界大战终于以轴心国的战败而落下了帷幕。

当时的日本本土在美国多年如一日的狂轰滥炸之下，几乎已是千疮百孔，举国上下处处废墟，遍地瓦砾。

江山再建，迫在眉睫。

所谓再建，分好几个方面。除了在被夷为平地的土地上重新造起房子之外，需要破旧立新的还有这个国家的三观——灭私奉公的价值观，尊皇忠君的政治观以及认为自己传承于神天生高人一等的历史观。

自明治维新以来，皇国史观成为了日本的官方主流。该史观的核心就是认为日本乃神之国度，天皇是神，国民是神的子孙，比其他国家那些愚蠢的普通人类不知道要高到哪里去了。

天皇的祖先（皇祖神）叫天照大神，其父是伊邪那岐，其母是伊邪那美。

伊邪那岐和伊邪那美是整个日本列岛以及日本诸神的创造者，他们是夫妻，也是兄妹。

这对人设跟伏羲女娲基本一致的神明夫妇，在创造完一切的一切之后，用生命中的最后力量生下了三个孩子——天照、月读、须佐之男。

其中，象征着太阳神的天照大神，是三个人中的大姐——至少一开始是大姐。

虽说根据有日本史记美誉的《日本书纪》的记载，天照大神的性别很明确是女性，然而自平安时代（794—1192年）起，这个说法就开始产生了微妙的变化。

比如在公元1100年前后，在天照大神的人间主场伊势神宫搞的一次活动中，祭出的天照大神就是全然一副男性打扮：着男装戴男冠，甚至还有两撇小胡子。随着时间的推移，这种认知也愈加普遍，在江户时代（1603—1867年），时任伊势神宫神官度会延经自己都明确表示，天照大神就是男的，而在同时代的文学创作和戏剧表演中，太阳神形象无一不是唇红齿白的美少年。

作为皇家之神乃至日本之神，天照大神的性别被这么改来变去至少表明了一点——在很久很久之前，日本是一个母系社会国家，之后，才变成了父系社会。

但无论是男是女，神话终究是神话。尽管明治维新后日本上到皇室下到拉黄包车的都一度自称自己追根溯源多多少少和天照大神能扯上点儿关系，但实际上日本列岛的产生和日本人的起源与伊邪那岐也好天照大神也罢全然没有任何科学上的关联。

上天不造人上人亦不生人下人，自打开天辟地，每一个国家每一个民族就都应该是平等的，不存在天生的高人一等。

二战之后，一度标榜自我头角峥嵘的皇国史观肯定是不能成为官方论调了，于是日本人终于转而开始用科学的眼光来正确看待自己的过去。

话说大约在距今五百万年前，亚洲大陆东部的外围形成了一圈不规则的弧状地形，然后在四百多万年后，也就是距今一万多年前，这圈弧地完成了和亚洲大陆的脱离，形成了数个独立分布于海面上的岛屿，这便是日本列岛了。

而日本岛上人类的出现比较早，根据考古发现，距今八九万年前，岩手县内就已经有人在过日子了。

随着时光流逝，岛上渐渐出现了文明的曙光，进入了信史时代——只不过，在最开始的开始，日本史，只是中国史籍记载中的一部分。

第一章 汉委奴国王

· 有文身的不一定是黑社会，也有可能是外交官

建武中元二年（57年），初春。

这一年，统治中国的光武帝刘秀刚好63岁。

老皇帝的身体是江河日下大不如前——若是开个作弊模式，他便会知道这已是自己生命中的最后一年了。

也是在这一年，帝国都城洛阳迎来了一批奇特的客人，他们身材短小，穿戴寒酸且模样惊悚——平均高度不足四尺，所谓穿戴，也仅仅是以麻布裹身而已。再看其身上和脸上，无一不文着大小各异的刺青。同时，他们清一色的散发裸足，光着小脚丫，堂而皇之地走在洛阳的大街上。

虽说是太阳底下无新事，但这伙人的到来仍是让见多识广的大汉首都人民震惊了一回，在围观的同时，大家纷纷交头接耳窃窃私语，指指点点热情洋溢地讨论着一个问题——谁啊这都是？

马上就有懂得多的跑出来科普大众了，说这一看就是皇家优伶团的侏儒嘛。

中国自古以来便有权贵养侏儒来表演滑稽节目以博一笑的传统，秦汉时尤为流行。

不过立刻就有人提出质疑，表示纵然是"鹌鹑戏子猴"，可说到底那也是清清白白的大汉公民，又没作奸犯科，怎会被施黥于颜面？所以，很有可

能是劳改犯。

沐浴着洛阳群众那饱含着惊悚、同情、不解、好奇等各种成分的目光，那几个人光脚走进了皇城。

然后见到了刘秀。

"倭，奴国大夫，前来拜见大汉皇帝。"

为首那个脸上刺青最大花样最复杂的人说道。

倭奴国，全称倭之奴国。

倭，便是当年中国对日本的称呼，同时也是日本的自称。但实际上，东汉的"倭"，仅限于九州岛的大部分。

奴，位于今天九州岛北部，虽说叫"国"，但这纯属自称，实际上就是一村落，人口不过寥寥数千，同等级别的行政单位在当时的倭国至少有上百个。从秦汉甚至更早时候起，就开始相互攻伐，战火延绵几百年而不绝。每个部落都想一统江山，成为倭国之王。

然而由于当时日本尚且处于新石器时代，无论是生产力还是军事力都处于一个极为低下原始的状态，再加上人口稀少，因此每次战争的规模以及武器远不如今天的流氓互殴。

想一下吧，九州岛面积约3.7万平方公里，大概相当于6个上海。而在这片土地上发生的每一场战争的参与总人数基本都只有一两百，两军士兵各自拿着石头木棍，一天打下来伤亡不会超过20人。

这也就是为什么打了一百年倭国都没有被统一，再给你打一百年也是这个局面。

在漫长的互殴岁月中，一些有识之士非常明白地认识到，光凭自己现在手里的那些个烂砖破瓦，是肯定不足以在一百多个势力中脱颖而出的，要想成为最大的胜者，那么唯一的手段就是……开个外挂——找一个强有力的盟友抱大腿，让他带我发达带我飞。

这当然说的是一海之隔的中国。

所以从西汉时起，就不断有日本人坐船过海，带着各种礼物前来给中国方面上贡，想和汉王朝搞建交，只不过因为各种缘故，几乎很少有日本人能够真正地踏上中国国土，绝大多数的使者都是在乐浪郡拜会中国的官员，上交他们的贡品，再拜领大汉的回礼。

乐浪郡，位于今天朝鲜境内。当时的朝鲜跟日本差不多，也是处于一种四分五裂的状态，虽说没日本分裂得那么厉害，但情况却比日本更糟糕，因为日本再怎么分，这一百多个部落都好歹归日本人自己管，而那年头朝鲜半岛三分之二以上的土地都在汉王朝的掌控之下，像这乐浪就是汉朝的一个郡，设立于西汉元封三年（公元前108年）汉武帝的时候，跟今天的北京上海一样，算是大汉帝国神圣的、不可分割的固有领土。在那一年设立的总共有四个郡，全都在朝鲜半岛上，除乐浪之外，剩下的三个分别叫作临屯郡（韩国江原道），真番郡（韩国首尔附近）和玄菟郡（朝鲜咸镜南北道及中国吉林、辽宁两省一带）。

而日本人来乐浪的频率一般是三五年一次，虽然过来上贡的不见得都是同一个部落，但中国人也分不清谁是谁，只知道倭人今年又来了，大家一起去码头迎客便是。

由此我们可以得出两点结论：首先，当年中国和日本是互相知道对方存在的（这貌似是废话）；其次，日本列岛文明的原点，应该是在九州北部。

·村长也是可以封王的

刘秀接待了从倭奴国来的那一行人，收下了他们的贡品——小鱼干和大米，同时下令设宴款待。

宴会上，皇帝一边夹菜一边问："贵国今年收成如何？你们首领身体可好？"

奴国大夫则一边抓菜一边回答："我国今年收成很好，我国大王身体也好，只不过渡海毕竟有风险，国内又在打仗，因此不能亲自前来拜会，只派出我这个大夫，还请陛下见谅。"

当时倭国已经有了一套不怎么完善但却高度仿照中国的政治体制：最大的称王，文武百官一律叫大夫，而文明程度依然非常低，吃饭有容器但却没餐具，无论国王还是农民，全用手。

席间，刘秀特有仁君范儿地表示："几位大老远地来一趟真是辛苦，正所谓千里送鱼干，礼轻情意重，我大汉一定也会准备一份馈赠，权当是礼尚往来。"

这话不说没事，刚一说完，脸上刺青最大的那个大夫啪的一下把手里的菜给摔回碗里，手上的油都没来得及抹干净就跑到刘秀跟前扑通一声跪了下来。

刘秀一看这情形以为人家听到有回礼太激动跪地谢恩来了，连忙摆手："不忙着谢，先吃饭。"

大夫也摆手："不是谢，是求，我有事相求。"

刘秀问何事。

大夫清了清嗓子理了理头发："我奴国想和高句丽一样，向大汉称臣，做大汉领下的一藩。"

刘秀一愣。

高句丽，当时位于乐浪郡北面，玄菟郡境内，是朝鲜半岛众多分裂势力之一，乃大汉藩属。

众所周知，在数千年的亚洲古代史中，整个朝鲜半岛一直都是中国的头号小弟。

只不过这头号小弟之路走得并不顺当，以高句丽来讲，几百年来各种磕磕绊绊不说，在王莽篡汉建立新朝后，一度还把高句丽的名字改成下句丽，并把他们的王爵降格成了侯爵，称下句丽侯。

虽说王莽是那种很难以常人思想跟其沟通的百年"奇葩"[1]，更何况从武力上来讲中国毕竟占据着绝对的优势，但朝鲜人在闻讯后仍是气得不顾后果直接宣布和中国断绝关系。直到刘秀灭新兴汉，才给朝鲜人平反昭雪拨乱反正，重新封他们为高句丽王，双方又恢复了往日的和平。

有类似遭遇的还有匈奴，被王莽改名为降奴，单于改为服于。

所以说其实给中国当小弟绝不是传闻中说的那么happy（开心），主要看人品，碰上明君，送他一条小鱼干能回赠给你一个鱼塘；碰上人渣，你多瞅他一眼他就直接发兵打过来杀全家了。

---

[1]奇葩，原指奇特而美丽的花朵，也比喻出众的人物或不同寻常的文艺作品。现在该词则更多带有调侃意味，多指一些不同于常人的思维和行为。

日本人人品不错，碰到了被毛主席誉为中国两千年帝制时代"最有学问，最会用人，最会打仗"的光武帝刘秀。

他同意了。

刘秀当场拍板答应了奴国大夫的要求，表示可以让奴国成为大汉藩属，至于具体细节，等吃完饭再议吧。

数日后，光武帝在皇宫大殿代表大汉正式宣布应诺倭奴国人的请求，同意倭奴国成为大汉藩属，并且给奴国首领封了个王。

给人的感觉就好像是一夜之间村长变大王了，而且还得来全不费工夫。我估计高句丽人要知道了多半得哭晕在厕所。

这是有正史记载的中日两国的第一次正式接触，也是至今为止关于日本最早的历史记录。

除了封王之外，刘秀还御赐倭奴国王金印一枚，上书五个大字：汉委奴国王。

·叫人家倭奴是几个意思

天明四年（1784年）二月二十三日，筑前国（今福冈县）志贺岛香椎的一个叫甚兵卫的老农在耕田的时候，挖出了这枚金印。该印的长宽大致在2.3厘米（汉制1寸），通体高2.2厘米，基本是个正方体，重约109克。

虽然日本学界曾一度认为这玩意儿说是金印实则不过是铜七分银三分的混合物罢了，但从平成六年（1994年）的激光鉴定结论来看，其黄金含量达到了94.5%，属名副其实的"金印"。由此可见，大汉朝廷是怀着十足的诚意认下这个小弟的。

而金印上刻的字也和史料记载完全无差，确实是"汉委奴国王"。

这五个字的意思是大汉之下倭地奴国国王，这委等于倭，是一种常见的减去偏旁的表现手法。

这其实也是日本第一次有了自己的正式名字——倭。

为什么会是它？

这个字看起来实在是有点儿像骂人，事实上现如今也确实有不少人在拿它当骂人的词儿来用，而且古往今来中日两国无论是搞文字的还是玩历史的，认为其为贱称的都大有人在。

但实际上它却并不是，至少在最初的时候不是。

倭，尽管被后世认为是有蔑称对方为小矮人的意思，但其实在博大精深的汉语中，它也经常被用作人名或是其他形容词，尤其是早期时候，比如春秋时代鲁国的鲁宣公，他的名字就叫倭，还有一个叫倭妥的词语，用来形容事物的美好，像《牡丹亭》中就有"娉婷倭妥"这词儿。

总之，这字儿吧，就算不是美称，但至少也不能说是骂人的话。

事实上古代中国搞外交的时候，除了像王莽这种极个别的"奇葩"，一般不会在取名方面跟人家过不去——因为这根本就不是大国所为。只要国名不自带侮辱字眼，那基本都是对方国书上怎么自称我们就怎么跟着叫，碰上那些没文字写不来国书的，也不会坑人家，而是根据发音，用尽可能美丽雅致的字眼，将该国国名记录在案。

也就是说，倭这个名字，应该是由日本人自己提出来的。

那么这个字，或者说这个发音，到底有何深意？

并没有。

我们可以先想一想，当日本使臣在见到了刘秀，展开了会谈之后，他们说得最多的一个词会是什么？

如果你想不出，那也不要紧，在这儿不妨先模拟一段对话看看好了。

使者："我代表我国首领，问大汉皇帝好。"

刘秀："也请你代我问候你家大王。"

使者："我国上下对大汉的强盛都无不感到钦佩膜拜。"

刘秀："我汉朝虽大，但向来以礼待人，尤其是尔等邻邦，更是如春风沐浴，无微不至。"

使者："大汉宽仁我国早有耳闻，今日一见，才知千真万确。"

OK，打住。

虽说这是我自己脑补的剧本，但我相信，纵然是时空倒流回到2000年前的洛阳大殿，日本使者所说的话也不会有什么太大的变化，至少，有两个字是铁定不会变的——我国。

第一章　汉委奴国王

别说是刘秀了，就算在西汉，日本人跑乐浪来送贡品，又有哪个说的不是"这300条小鱼干乃是我国今年献给大汉的礼物"之类的话呢？

如果今天我和你就我本人为话题聊天，那我说得最多的一个字多半就是"我"。

那么，在当年的日本，"我国"二字中的"我"怎么说？

"我"，在古日语中，读わ（wa 挖），后来的各种第一人称代词大多都是从这个单音节词上衍生而来的，比如相当著名的"我辈"（我），读作わがはい（wagahai 哇嘎哈依），"我们"，读作われわれ（wareware 挖列挖列），等等。

说白了，这个"倭"，其实就是"我"的意思。

只是那年头日本人没有文字，中国也没有精通日语的人才，所以从秦汉的时候开始，但凡和日本有所接触的人，都会以为他们国家的名字就叫"我"国，于是便非常顺手地跟着读音将其翻译成了"倭国"，然后再一代一代地把这个名字往下传。

也就是说其实日本从一开始根本就没有正经国名，当然也不在乎，反而是中国人倒很认真地觉得名不正则言不顺，万物总该有个大号，特别费心思地给琢磨出了个名儿来。就这样误打误撞的，日本有了第一个国号。

至于那个奴，那就是部落名，单纯的是一个发音，没有什么太大的意义，而汉朝之所以要用"奴"字来对应这个发音，其实也是出于一番好意。

奴，在那时候的中国，虽然的确有奴才奴隶的意思，但常常也作昵称，用于人的小名，比如南北朝时代齐废帝刘子业，小名就叫阿奴；在淝水之战中大出风头的谢安，也叫阿奴；此外还有古代中国帅哥的总代表潘安，叫檀奴；人称战神的冉闵，叫棘奴；书法大家王献之，叫官奴。

总之在汉朝看来，这次前来拜访的这个日本奴部落是非常可爱的，至少在倭国数百个部落里，算是顶顶可爱的一个，于是，便根据其读音昵称他们为"奴"。

如果放到今天，那基本就等同于"日本酱①"这样的称呼。

---

① 酱，源于日本的ちゃん，发音也类似于中文的"酱"，是一种带有亲热感的称呼，比如大家喜爱的日本乒乓球运动员福原爱，称其为"爱酱"，翻译过来就是小爱的意思。

第二章　帅升

·文明进步如游戏，关键得会搞作弊

奴国大夫拿着金印走了，再也没有回来过。也不光是他，之后整个日本列岛的任何一个部落都不曾派过人来中国进行官方访问，甚至连跑乐浪上贡小鱼干的事情都绝迹了。

这几乎就给了人一种上一回奴国大夫来的目的纯粹只是骗个小金坨回去的感觉。不然实在很难解释为啥回去了就再也不肯来了。

不过再仔细想想，你又会觉得，他来了似乎也没啥用啊。

拿个金坨子回去也不当吃不当喝的，再加上日本那会儿连货币都是用贝壳，黄金的好处尚且没有普及，原始部落也不存在挟天子印以令诸侯的政治认知，所以，拿回来能干吗？

正所谓无利不起早，大老远冒着喂鱼的危险蹲在一比澡盆子强不了多少的小木船上乘风破浪来一回却并没有什么实质性的收获，以后自然也就不会来了。

那到底什么东西，在日本人眼里才算是"实质性的收获"？

你猜？

虽说官方是不来往了，但这和民间没关系。差不多就在奴国大夫来访的那会儿，中国大陆也有不少人渡海移民去了日本。

时至今日，我们已经完全不能知晓公元1世纪时中国有多少人以及都是些什么人去了日本的哪些地方，但这些人确确实实是渡海去了列岛，也确确实实给日本带去了文明。

这并非空口白话，是有证据的。

公元57年，奴国大夫来洛阳，当时的日本尚且处于石器时代，打仗狩猎用的基本都是石头。

但是仅仅过去了半个世纪，尽管在史学上日本列岛仍是被划在了新石器时代，但从考古数据来看，相当多的部落已经能普遍用上铁器了。

注意，是铁器。

纵观人类历史上下一万年，绝大多数国家地区的文明发展趋势都是石器时代，青铜时代，然后是铁器时代。

唯独日本是个例外，哥们儿虽说出土过一些铜器，但整个国家却根本没有过青铜时代，而是直接从石器时代穿越到了铁器时代。

事实上也不止铁器时代，从公元前14000年到公元前400年，在这长达一万三千多年叫绳文时代的时间里，日本都处于一个生产力极其低下，仅仅依靠用石器捕猎果腹的阶段。而在绳文时代的最后数百年里，这地方突然就进化了，不仅有模有样且大规模地种起了水稻及其他各种农作物，生产工具也直接从很粗糙的石器变成了相当精致的石器，甚至有了零星的铁器。

速度之快，堪称世界仅有。

不要跟我说这是因为日本人聪明，自主研发出水稻种植并自己学会了使用铁器，这话说出来你自己信不信？

唯一的可能就是有人将更先进的文明带进了日本，跟玩游戏开了作弊器一样将日本的文明程度迅速拉高至一个新境界。

这显然是在说中国，当然也有可能是朝鲜，考虑到朝鲜半岛当时自己也正乱着，老百姓很有可能为了追寻太平盛世而渡海去找桃花源，因此后者去的人或许略多，但无论是中国本土还是朝鲜半岛，带到日本去的技术，都原产自中国。

时至今日你还能在博物馆里头看到九州出土的汉朝炼铁器具。

被带过去的还不止这些。

当时在九州岛北部非常流行的支石墓，这是从山东半岛那边给传过去的。

还有干栏式房屋，日本那里叫高床，这一看就知道是中国南方的特产，早在河姆渡时期中国人就会盖这玩意儿了，传到日本大致是在1世纪前后。

不过，中华文明在日本遍地开花，虽说是一件好事，却也有坏处。

简单来讲就是打仗的时候死人变多了。

这并不难理解，原先大家用石头和木棍，两百人马八点开打三点收工，一天折腾下来也就死那么几个，其余的拍拍身上的灰直接回家吃饭，现如今不对了，有铁了，能改刀枪了，这一插子扎进去不死也得残半辈子，伤亡率大大提高。

人口对于原始部落的重要性是众所周知的，一旦生的速度跟不上死的步伐，那是要完蛋的。

很多部落也确实是完蛋了——原先数百家势力割据了几百年的倭国，短短几十年里被兼并得只剩下了四五十家。

活下来的那些人为了应对这种史无前例的危机，再度想到了抱大腿。

永初元年（107年），时隔整整50年未曾露面的倭国使节团再度出现在了洛阳大街上，仍是光着膀子赤着脚，仍是脸上布满了刺青，然而这一次来的人特别多，前前后后总计将近200人，浩浩荡荡走在大街上，再次引来了广大群众的围观。

当时的皇帝已经是汉安帝刘祜了，按前例，亲自接待了那群人的代表——倭王帅升。

·第一个日本人

这是有史以来第一个被记录在案的有确切名字的日本人，虽然靠谱性有待商榷。

在那个时代，日本既没文字也没姓氏系统，无论是高贵的国王还是田间的普通老农，基本上都只有一个口头上的简单称呼，眼前的这个帅升也一样，仅仅是一个音译，根本无法确定其究竟姓甚名谁。

同时需要推敲一下的，还有他的身份。

第二章 帅升

根据《后汉书·东夷传》的说法，帅升的身份是"倭国王"，也就是倭国之王。

但在成书于唐朝的《翰苑》以及北宋的《通典》里，帅升的身份是倭面土（上）国王①，和奴国一样，属一个部落的老大。

而日本方面，无论是《日本书纪纂疏》还是《异称日本传》或是《释日本纪》等史料，对于帅升的身份认定，都清一色是面土（上）国王。

历史是科学的一部分，虽说科学肯定绝对不是一种少数服从多数的东西，但从合理性来考虑的话，很显然我们会发现，当时帅升几乎不可能是已经君临整个倭国的国王。

好歹还有几十个部落在那儿蹦跶着呢，你怎么就是倭国国王了？自称的吧？

还真是。

洛阳的大殿里，跪在前辈也曾放过膝盖的地板上，帅升厚着脸皮告诉刘祜，自己是倭国的国王。

当时的刘祜只有13岁，政务全靠著名的邓绥邓太后操持。而邓太后那会儿正在力挽自汉和帝、汉殇帝连续驾崩以来的国势危机，哪有工夫去打听海对岸一岛国有没有统一。因此帅升顺利地让大伙相信了他的身份，成功地迈出了这次外交的第一步。

接下来，他献上了自己的贡品——生口160名。

此刻的日本已进入奴隶社会，除了拥有比之前更高度的文明之外，还有了更完善的社会制度和更细致的阶级分层，每一个部落里头，不光有大王，大夫这样的称谓，连普通的人民群众都有了名称，叫下户，比下户更低贱的，就是奴隶，叫生口。

生口本质上和牲口是一个概念，唯一的区别只在于他们是人类，可以随主人的心情而打杀、买卖、赠送。

生口的来历应该是各部落连年征战中所产生的战俘。不过那年头日本地

---

① 有学者认为"倭面"指"倭人"，"上国"即"上邦"，意为大国，"倭面土国"或为"倭面上国"之误。亦有学者认为"倭面"一词是出于对《汉书·地理志》如淳注的误解，所谓"倭面上国"或"倭面土国"在历史上都是不存在的。

少人寡，一个部落的人口撑死了也就几千，除掉老弱幼残孕之外，能提枪打仗扛锄头干活的壮劳力最多只占一半，而这些壮劳力里再去掉不能随便抓走拿去卖的下户，真正的奴隶最多只有几百号，一口气送掉160人，那绝对是下了血本的。

然而，面对如此厚重的诚意，汉朝方面却似乎并不领情，关于这次会见，《后汉书》里只有短短的一句话："倭国王帅升等献生口一百六十人，愿请见。"

这着实是一件很不可思议的事情。历来外国使臣来我中华搞外交，无论哪朝哪代，即便是双方正在干戈动武，只要对方不坑爹不过分，一般是只要你上贡我就必然会回礼，所谓投桃报李有来有往。但这一回帅升来，汉朝似乎根本就没按这个路数走，送礼的送上门来，我收下就算完事儿，别说回礼，连句谢谢都没说。

为啥？

因为帅升不光光是送礼来的，他还来要东西了，他要的东西，大汉给不了，也不能给。

那么，面土国王帅升，到底想要什么？

· 我中华坐拥四海，但唯独不卖人

帅升想要的第一样东西，是金印，倭国王金印。

就是希望大汉朝廷刻个章给他，承认他是大汉藩属的全倭之王，而不仅仅只是一个面土国的首领。

由此可见几十年过去了日本人的政治智商也大大增长，居然懂得拉虎皮扯大旗这一招了。

这个要求不过分，再加上刚才也说了，当时汉朝上下根本就没人知道倭国是否被统一，帅升既自称已是倭王外加又送了厚礼而来，封他一个王并不是太难的事情。

关键是第二样东西：人。

早在说汉委奴王的时候我们就已经讲过，光是一个金印，对当时日本的任何一个部落，都是没啥用的，要有"实质性的收获"。

对于公元2世纪的日本来讲，最实在的东西就是两样：技术和人口。

从携带方便省时省力的角度来考虑，帅升将其合并为一样：技术人口。

他向刘祜提出，想以160个生口，换取100个会冶金农耕技术的汉朝人。当然，鉴于洛阳以及首都圈户口的金贵，因此帅升倒也不敢奢望给他100个河南人，而是很体谅地提出，听说贵汉东夷吴越之地尚未开化，从那里找100个人出来，让我带回去就行。

刘祜年幼，邓太后摄政。

如果换作是在今天，那这位大姐听完之后的回复多半只该有两个字：呵呵。

这是公然跑到朝堂之上来贩卖人口了，开什么玩笑。

不过这是一件仔细想想就会觉得很不可思议的事情——虽说中国历来也有一个地方人口不够了便会从另一个地方移民过去的习惯，比如清朝的湖广填川，但像日本这样一个部落的人口不够了，居然跑到外国去要人口过来补充，这简直是在胡闹。

更何况俗话说得好，非我族类其心必异，他帅升就不怕引了一堆外人回去把自家的种族纯洁性给搞没了么？

还真不怕。

为啥不怕？

你再猜。

但无论如何，在汉朝方面看来，这绝对是在扯淡。哪可能你拿160个奴隶过来，我就换给你100个技术人员？那回头你拿1600个奴隶过来我是不是还得换给你1000个汉朝人？长此以往换来换去的，大汉帝国岂不就被换成大日本帝国了？

搞什么啊。

所以邓太后代表汉安帝以一种罕见的严厉态度拒绝了帅升，既不要那批生口，又没有给任何回馈——甚至连象征性的回礼都没有给。

帅升很不高兴，却也没法子，总不能在洛阳大街上公然抢人吧。于是他只能灰溜溜地离开了皇城，启程开路打道回府。

·乱了，都乱了

帅升的外交失败，表明他的面土国想跟大汉合伙搞技术垄断是不可能的了，这也就意味着，和从前一样，所有的倭国部落在技术引进这个领域都处在了一个相对公平的领域——谁都能想办法引进技术，因此和从前一样，中华文明照样在倭国遍地开花，大家的文明程度又进展了一大步。

随着冶金技术的进步，打仗死的人就更多了，但相对的，随着农耕技术的发展，能养活的人也多了，于是，战争的规模变得越来越大，从原先的小学生互殴变成了正儿八经的打仗。

不过在打了几场之后大家发现事情有点不对——说到底，当时没有一个部落拥有足以摆平其他所有人一统倭国的实力，既然谁都没那能耐，又何苦以命相搏？

就这样，各部落很有默契地罢了兵，各自积蓄力量闷声发财，过起了太平日子。

只是这太平并不长久。

如果翻一翻全球气象史，我们不难发现，公元2世纪，正值全球寒冷化。虽说跟当年的第四纪冰川相比简直不值一提，却也足以造成农作物歉收，动植物冻死这样的悲惨局面。

就在帅升回国后不到十年，一场饥荒降临在了今天日本的九州岛上。

种不出粮食但又要吃饭，怎么办？抢呗。

据史书记载，自公元150年前后起，倭国各部落互相展开规模空前的攻伐，整个国家陷入了内战状态。

要说文明带来的好处还真是显而易见，不过短短数十年，原先那四五十个部落又互相杀得只剩下三十多个了。然而这并不能解决根本问题，饥馑并未因此消除，大家还是得饿肚子。

于是只能换一个办法了——逃荒。

路线大致有两条，一条是往北，一条是往西——往北走朝鲜，往西去四国以及本州。比如《新罗本纪》就有记载，公元193年的时候，有大概一千多个倭国人渡海登陆，求半岛人收留自己给一口饭吃。

一千多人，这事儿基本就可以定性为一个部落集体连夜出逃了。

不过因为当时造船技术的极度不发达，所以能够跨对马海峡逃荒的终究是少数，更多的，还是往西走——从九州岛西北渡过最窄处不过700米的下关海峡到达今天的广岛一带，要么就此定居，要么再一路向西到阪神那一块；或者走濑户内海到四国，不过由于四国当时比九州更不发达，饥荒更严重，因此还得再往西，目标仍是阪神近畿地区。

在很多小说家以及历史学家的嘴里，人类史上的很多次逃荒往往会被冠以一个很高端大气上档次的名字，叫作民族迁徙。其实仔细想想道理没错，毕竟在那个要啥没啥的年代里，如果不是一整个部落一整个部落这么抱团取暖地往外跑，光是单枪匹马或者一家三口地玩逃荒，不死在半道儿上才有鬼。

因为是集体跑路，所以当地的文明基本也被完好保留地带到了新家，像竖穴式住居、冶金技术、农耕技术，等等，这些日本上古文明的典型代表，基本都是在2世纪后期由九州传至本州的。

然而需要注意的一点就是，"混不下去"并不等于"混得差"，其实在逃荒的部落里，不乏具有高度文明和发达技术的主儿，有的甚至还能自己造船漂洋过海地和中国打交道。

比如在奈良天理市的东大寺山古坟里头，就挖出来过一把锻造于汉灵帝中平年间的环首铁刀。这把刀虽说原产地如假包换的是中国，但很明显被改造过，刀的环首被替换了，换上的那个，则带有很明显的日本技术。

这种改造也恰恰印证了我们的说法——天理市当年乃是豪族和珥氏的盘踞之地，和珥氏据传是公元2世纪自日本海边迁徙到本州，自带打铁技能的部落。

这就叫上帝关门又开窗，老天爷不在九州赏你一口饭，却让你把文明之花开在了四国、本州的大地上。

·我们是一本有态度的历史书

再说回九州岛的倭国。

短短几十年里，倭国大地上是死的死逃的逃，而剩下的那几十个部落，居然被统一了。大家伙组成了一个联盟，推举出了一个部落当盟主，这个部落叫邪马台。

邪马台这三个字在日本历史上那绝对是个里程碑式的存在，不光是因为"邪马台"的发音近似"大和"所以被认为大和民族的"大和"两字语源于此，更重要的是，邪马台乃是被历史承认的第一个能够代表全日本的政权。

邪马台的地理位置向来众说纷纭，一般认为位于今天的九州岛北部，但也有观点认为或许已经衍生到了本州岛的近畿一带，但终究不过只是"或许"，至于具体的位置，至今仍然无法确定。

当然我们是写历史书的，不能老拿"或许、可能、应该、大概"这种词儿来糊弄人，老话讲宁可说错也不能不说是吧，无论如何亮明自己的观点总是必须的。

个人认为，邪马台的地理位置是在今天的九州北部。

事实上日本文明的起源也是在九州北部，之后再慢慢转移到了近畿的阪神奈京。最好的证据有三个：一个是古坟，一个是稻田，还有一个是环壕集落。

古坟我们放到后面讲，这里先说稻田和环壕集落。

众所周知日本最初的农耕文明是种大米，而种大米的技术则是大约三四千年前从中国长江下游区域给传过去的，最早的登陆地点是在福冈的博多，也就是今天的板付遗迹，至今还没有发现比这里更早的稻田种植遗迹；而同样的遗迹还有佐贺县的菜田遗迹和福冈县的江辻遗迹。无论是福冈还是佐贺，从地理上看都位于九州岛的北部。

再说环壕集落。所谓环壕集落，通俗来讲就是原始村落，这种村落的构造特点是外面有一圈壕沟，防火防盗防邻居，中间住人并且配有稻田。环壕集落是和大米一起从中国长江流域传到日本的，流行于绳文时代和弥生时代。早期集中在福冈佐贺一带，有名的遗迹有刚刚提过的江辻遗迹和那珂遗迹（福冈县内），到了中期，则扩散到了四国、冈山、大阪以及兵库那一圈，而在后期则是全日本处处有环壕，就连位于关东的神奈川都发现了遗迹。

这些证据除了表明日本文明的发展路线之外，还说明了另一件事，那就是日本文明的最初阶段,是一个依附阶段,它是一种依附于中国长江下游流域文明之下的半独立文明,如果没有母体的存在,则很难想象日本列岛的原始时代会是怎样的一番光景。

话题似乎扯远了,我们还是接着来说邪马台吧。

和倭国其他所有部落一样,邪马台最大的那个也叫王,唯一不同的是,他们那儿是女王,叫卑弥呼。

第三章　卑弥呼

· **巫婆比女王更具战斗力**

卑弥呼在日本史上的地位绝不亚于中国历史上的秦始皇。她的前任国王是个男的,不过和她非亲非故,因为在战乱的世道中无法掌控部落的前途,于是便将王位禅让给了卑弥呼。

虽说无法判断出日本当时是否普遍推行禅让制,但这位卑弥呼女王想必是有过人之处,不然任谁也不会平白无故地把王位传给一个邻家大婶吧。

卑弥呼的过人之处就是:法术高强。

此人在做女王之前是个巫女——老百姓俗称叫巫婆。当时的日本因为文明极度落后,以至于人人都是文盲,人民群众对于自己所处的世界完全不能有一个科学的认知,一有个风吹草动比如刮大风下大雨,地震了闪电了火山爆发了甚至是老母鸡不下蛋了,都会觉得这是老天爷震怒鬼神作祟,所以有必要和神灵们说点儿什么,让他们不要老是针对自己,行行好换个对象吧。

当然,普通人类肯定是无法也无资格直接和神沟通的,于是巫师这个职业便应运而生了。

其实该职业在全世界的诞生过程都是如此,从无半点儿例外。

而欧巴桑[①]卑弥呼的过人之处还远不止与神对话。她还有着一种与生俱来的能够预测各类事态发展并且可以看到常人所看不到的东西的本事,简单

[①]欧巴桑为日语发音,指大婶、老婆婆等中老年妇女。

说来就是超能力。

比方说她能够预测到明年的大致气候，在哪块土地上播种能够有最大的收获，以及每当风雨雷电等自然灾害来之前在第一时间和万物神灵进行交流获得情报，以便确保把因天灾而造成的损失降到最低，同时，在一些人类社会细枝末节的方面，卑弥呼大婶也是如有明镜藏心中一般，邪马台境内数万口人每家每户每天发生的各种事情大到老母亲被杀小到老黄狗怀孕，她都一清二楚了如指掌。

更难能可贵的是，卑弥呼一心为部落，灭私奉公，年逾不惑却毫无婚嫁之心。

这哪是女王啊，简直是教主好吗？

卑弥呼成为邪马台国王大致是在东汉光和年间（178—184年），她凭着自身高强的法术神通以及出色的能力，让部落一下子就强大了起来，先是吞并了周围的几个弱小的村子，随后一些其他比较强大的势力也纷纷派遣使者，表示愿意服从女王，这其中就包括了在最开始便已经出过场的奴国，于是一个部落联盟就这么形成了。

眼看着革命队伍越来越大，邪马台联盟范围越来越广，马上就要一统倭国天下了，然而不承想，意外出现了。

平地一声惊雷，冒出来一挡横儿的主儿，叫狗奴。

狗奴国，位于邪马台联盟的南面，也就是九州岛的中南部。

根据以江户时代大学问家新井白石为首的一群人的说法，狗奴人是熊袭人的祖先。

熊袭是日本早期的一个少数民族，虽说现在早就被融入了大和民族之中，但在当年，这却是个集可怕、恐怖、危险、强大等各种类似形容词于一身的名词。其实从名字上也能看出一两分来：熊袭，像熊一样地来揍你。你怕不怕？

而在狗奴国的最南端萨摩地区，也就是今天的鹿儿岛县，后来又分裂并产生出了一个比熊袭更为彪悍的战斗民族，叫隼人。

这个我们放到以后详细讲。

不光有着强大的血统，狗奴国同时还有着相当先进的制造技术，这主要体现在他们的兵工制造上，尤其是弓箭，穿透力要比一般部落造出来的强上五六倍，这使得他们在历次部落斗争中都能居于常胜不败的地位。

缘此故，狗奴的国王觉得自己的刀枪剑戟完全能够胜过邪马台的急急如律令，根本就没必要加入对方什么狗屁联盟，不光不加入，还老想着去灭了人家，隔三岔五地就一拨人打过来，就算不杀人抢点粮食也好，搞得邪马台方面非常头疼。

因为卑弥呼只是一介古日本巫婆，而非茅山道士，所以她使不来那种沾一滴狗血烧一张符敌人便人头落地的高超法术，面对狗奴国真刀真枪的进攻，她只能造个高台爬上去，念动真言，祈求上苍一记响雷劈死狗奴国王卑弥弓乎以及领兵大将狗古智卑狗——狗奴国从部落到王公贵族，所有的名字全都是后来邪马台和曹魏搞外交时按照读音找对应的汉字给取的，你看看这名儿叫的，自打11岁那年看了鲁迅那篇断了脊梁的乏走狗以来我还从没见过能将狗字运用得如此炉火纯青活灵活现的，仇恨之大，可想而知。

不过我们也知道，念咒语要是有用那就不必造导弹了，所以在愤恨不已地对天骂完娘后，邪马台仍是只能刀枪拳脚地去抵御对手的攻击。

那肯定是打不过了。

为此，卑弥呼很苦恼。

·小姑娘你很有想法，跟我学跳大神吧

有一天，女王大人又登高念咒，向苍天诉说着自己对狗奴的怨念，祈求上天保佑，庇护自己的子民健康活泼，上阵的时候刀枪不入，顺便也诅咒一下隔壁的狗奴王，最好他走路绊倒跌死，或是喝水呛着噎死。

正念叨着呢，突然卑弥呼双目睁圆，大呼一声："不好，来人！"

门口的护卫一瞬间就全都拥了进来，纷纷问道发生什么了。

"有贼人！"卑弥呼喝道。

大家四下张望，并未有任何发现，于是便又问贼人在哪儿。

卑弥呼往门口一指："在那边的大树上！"

众人顺着手指看去，看到了那棵和卑弥呼屋子相距甚远的参天大树，于

是一干人等立刻抄着家伙就围了过去。

经过数分钟短时间搏斗，大伙当场擒获狗奴特务两人，在随后的突击审讯中，他们承认了自己是奉狗奴王的命令前来刺探情报，并顺便搞点破坏。

两个特务的下场是当场处死——那时候的惯例不是去死就是为奴。正当邪马台的卫兵们互相庆贺又成功阻止了一次怀着一颗亡我之心不死的狗奴国的侵犯时，突然身后响起了一个相当稚嫩的童声："在那边的那座山上，也有一个大叔哦。"

一个正在跟着大人们看热闹的小女孩站了出来，指着一个位于非常遥远的山头说道。

这孩子叫台与，那一年不过才四五岁。

台与又被写作一与，盖因繁体字的一和台结构相近，古时候写外国人名也没个标准，于是写着写着就通假了。

说起来这孩子跟卑弥呼还算是亲戚，不过你得明白，原始部落里头彼此关系都近乎得很，基本上谁和谁都能互相称呼对方为叔叔伯伯或是姐姐弟弟，虽说台与见了卑弥呼可能要叫一声姑奶奶，但谁又知道门口那拿棍子放哨的卫兵是不是女王的表弟？

所以大家并未把台与当成皇亲国戚，也不在意她说的话，卫兵们只当她是童言无忌，毫不在意地驱散着围观人群说散了散了都甭看了，女王大人要回去接着祷告了。

但是小姑娘不依不饶，声音愈发洪亮地喊道："那座山上真的有一个和这两人一起来的大叔！真的有！"

声音很响，惊动了卑弥呼。她转过身子走上前去，注视着台与的眼睛："怎么了？"

在问明白了起因经过之后，女王先是闭眼冥想了一阵，然后指了指身边的几个人："去搜吧。"

一搜，还真搜出来个狗奴人，他是负责接应的。

哥们儿的下场当然也是伸头一刀。砍完之后，卑弥呼下令召见台与全家。

这是一个相当普通的四口之家，除了父母之外，她还有一个大自己几岁的哥哥，叫禾鹿，一家人都是以耕种行猎为生的普通百姓，也就是下户。

卑弥呼上来就是咔咔一阵猛夸，先夸台与，说她是个好孩子，接着又夸禾鹿，说他将来必定前途无量，夸完，请台与全家吃了一顿饭。

这事儿还没完，在之后的数日里，卑弥呼让人把小姑娘的底细调查得清清楚楚，从反馈回来的情报看，台与和自己一样，也是个有超能力的。

比如，她预言过洪灾；又比如，她能精确地看到躲藏于森林深处的各种动物；还比如，不用交谈她便能看透大人们的心思。

其实在民间，台与的知名度早就高得不行，鉴于她能掐会算还接地气，因此早就被人民群众冠上了"小卑弥呼大人"的称号。

于是卑弥呼又去了一趟台与家。这次提出了一个要求，说台与这孩子跟我投缘，又能通神，所以我想让她当我的侍女，你们安排一下，秋祭之后就过来吧。

台与她爹当场就蒙了。

"给女王大人做侍女"和"给卑弥呼大人做侍女"看起来差不多，其实却并非一码子事儿。前者的工作内容只是端茶送水捏腰捶腿地伺候着，而后者除了这些之外，还需要跟卑弥呼学习法术并且共同侍奉神灵。

不要以为能学法术就是赚到了，你还没明白什么叫作侍奉神灵。

与神相伴的人，从今往后将斩断和人界的一切因缘关系，包括家人——这也就是卑弥呼为何终身不嫁的原因。

如果话说到这里你还是觉得不明白，那我就再说得透彻一点：一旦台与去了卑弥呼家，那从今往后她即便是在路上看到她的亲爹亲娘，都不能再叫爸爸妈妈，因为她不再是这家人的孩子了，而是神的孩子。

这就跟后来欧洲中世纪的修道院一样，父母把孩子送进去之后基本此生不太能再度见面了，孩子就此是上帝的人了。

有时候想想人类这么糟践神灵真的好吗？神哪有你们说的那么没人性。

而卑弥呼说的那个秋祭，就是每年秋收之后召开的庆祝大会，说话那会儿还是春天，算起来也就只剩几个月的光景了。

也就是说，再过个小半年，自己辛辛苦苦养大了的小女儿，就要和全家 say good bye（说再见）了，兴许是这辈子都难相见了。

换你你也蒙啊。

不过他还是答应了。不管怎么说这话是从女王嘴里讲出来的，哪有小老百姓拒绝的份儿，更何况一旦跟了卑弥呼，虽然从此和自己脱离了关系，但也不是说完全就没了瓜葛，至少他们家还能够沾沾光，能够得到各种来自于女王的特别待遇和权利。

再看台与，虽说还只是幼儿园小朋友的年龄，可在知道自己要离别父母之后，却显得意外的从容平静，这让卑弥呼都暗自惊叹，认定此女绝非凡人。

·原始社会也是有妹控①的

秋天很快就到了。因为恰逢并不多见的丰收，所以邪马台上下都沉浸在一片庆贺仓满廪盈的狂欢气氛之中，不过台与的爹妈当然是高兴不起来，因为一旦三天的秋祭过去，女王的使者就会上门，带走自己养了多年的骨肉。

该来的，总是要来的。为了表示郑重其事，卑弥呼特地派了当时邪马台国中地位仅次于自己的首辅重臣难升米前去台与家接人。

一开始事情还相当顺利，小姑娘的爹妈虽然脸色不怎么好看，但仍是依照之前所答应的那样将女儿送上了轿子。难升米一看诸事搞定，便吩咐走人，不料才走了没几步，突然斜刺里就杀出了个人，手里拿着棍子，口中称道："把俺妹还来！"

难升米这人在邪马台横进横出地当了十来年的二把手，除了女王之外没有一人对其不是毕恭毕敬的，现在冷不丁冒出来一叫板的，当时就不爽了：女王大人的侍女你也敢拦？还你妹，你妹的你妹，你妹妹哪有那么可爱？

正欲亲自动手，却发现来人似乎有点眼熟，再仔细一瞧：这不是禾鹿吗？

还真是他妹。

禾鹿当年不过十三四岁，舍不得妹妹离开，又不似大人们那般能忍，眼

---

① 妹控，源于Sister Complex，亦写作Sister-con，表示极度喜欢自家妹妹的意思。

瞅着要生离死别了，头脑一发热抄起一根棍子就上了。

毕竟是台与的亲哥哥，真要对他做了啥指不定小姑娘将来学会了什么高深莫测的牛逼法术之后第一个拿自己开刀，真心没必要。

所以难升米选择了好言相劝："禾鹿，你让开，这是女王大人的命令。"

"不让，我要我妹妹。"

"你听着，台与有着不可思议的力量，所以被女王大人看上，想留她在自己身边修行，以便将来造福整个邪马台，这是为了全国的百姓，同样也包括了你家。"难升米说道，"就算分开了，她也还是你的妹妹，你们将来总会再见面的。"

这句话刚说完，原本看着哥哥一副"妹走我不独活"架势也顿感悲伤不已的台与突然咧嘴笑了，她点了点头："哥哥，我们还能再见的。"

此时家里人和其他族人都围了上来，拉的拉劝的劝，总算是把禾鹿给拖了回去。

这是发生在大约景初二年，也就是公元238年前后的事情，那一年，小姑娘不过4岁。

·会法术没用，还得抱大腿

台与来到了卑弥呼的身边，开始了端茶送水闻鸡起舞的侍女生涯。这对于她而言，或许是命运的改变，但对于邪马台来说，屁都不是——至少在当时是这样的。

此时的邪马台联盟，已经快要被干掉了。

这主要得归功于强悍无比的狗奴国。

说真的，狗奴太强了，真的太强了，强到了一个近乎逆天的地步，那就是其余的三十几个部落连在一块儿都不是它的对手，它是想打谁就打谁，肆意妄为，毫无忌惮。

为了不被并吞，避免家破人亡，日本各部落不得不凑起了一条统一战线——由邪马台国牵头，三十多个部落在原本已经是联盟的基础上再度共同组成了一支邪马台联合军，大家齐心协力，抵抗狗奴。

然而这并没有什么卵用，三十个打一个还是干不过，仍是天天挨打，还是吊着打的那种。

　　卑弥呼生怕再这么长此以往地玩下去很有可能就会弄得加盟国各部人心涣散不攻自破，于是便召集群臣，开了一个作战大会，问问有什么好的对策，能够在短时间里解决狗奴国。

　　这里的解决不是消灭的意思，而是只要能让人家不来打自己以及自己的盟国便万事大吉的意思。

　　会上，大家都很沉默——这是当然的，真要有好办法早在多年前刚打起来那会儿就该说出来了，哪里还需要等到现在这种时候。

　　卑弥呼鼓励大家知无不言言无不尽，不怕说错只怕不说。

　　于是有个大夫举了手，说要想打赢狗奴其实也不难，我们找一个比他们更能打的来做帮手不就行了？

　　卑弥呼一听这话当时脸色就不好看了，几乎想一指头隔空戳死那人，但毕竟有言在先，便只是和颜悦色地问，整个倭国三十多个部落，三十多个首领，除了狗奴王之外全在这儿坐着了，你觉得谁比狗奴更能打？

　　大夫笑了笑："大魏。"

　　大魏就是三国演义里的曹魏，实际上尽管刘备张飞赵云诸葛亮很出名，大乔小乔尚香吴国太很漂亮，但在当时的大多数外国人或是外族人的心目中，只有魏国才是中国正统，能够代表整个中华民族的正统。

　　他的意思其实相当明确：狗奴国很强，这个毋庸置疑，但他们再强，也终究不过是只能关起门来称大王的主儿，嚣张跋扈的范围仅限于日本列岛，要真拿出去和强大的曹魏相比，那根本就不是人家的对手。所以现如今邪马台就可以效仿当年的奴国，跑到曹魏那里献上一点礼物，磕几个响头，请求做人家的小弟，让人家罩着，只要事成，便等于是有了一个稳妥的保障，那狗奴国也自然会因为考虑到邪马台背后的大魏而不敢轻易来犯了。退一步讲，如果狗奴真的不识好歹硬要再打，那也无妨，即便大魏那里不直接出援兵相救，却也一定能给邪马台提供各种先进的武器装备，到了那个时候，谁胜谁负便又有得一论了。

　　卑弥呼想了想，回答说此事干系重大，先要等我问过神灵之后再做决定。

问神灵就是占卜，把乌龟壳或是动物的骨头拿来烧一烧，根据烧裂开的纹路判断是凶是吉。

噼里啪啦一阵火烤乱响之后，卑弥呼向群臣宣布了结果：大吉。

同时计划也随之出炉：秋祭之后，派遣重臣为使者，出访大魏。

把各类大事都放在秋祭之后，这是当时的惯例，因为那会儿生产力低下，劳动力尤为可贵，不可能在农忙的时候撇下地里的庄稼给你干这个干那个，只有等到秋收了，农闲了，那才会有工夫做点儿别的。

公元239年，经过多方精心打点，邪马台使节团终于全员准备就绪，踏上了旅途。

全团总人数约为30，带队的是邪马台二把手难升米，还有一个副团长，叫都市牛利，也是豪族高官出身，一行人于当年6月抵达洛阳，见到了魏明帝曹叡，然后献上了由卑弥呼亲手挑选准备的贡品——斑布两匹，生口10人。

所谓斑布，就是杂染的木棉布。

如果你觉得这贡品很寒酸拿来上贡很大不敬的话，那就错了。

东汉时候中国是没有普及棉花的，因此也没有棉布以及木棉布。这也就是说，其实在这个时候，日本就已经能生产出中国所不能生产的东西了。

除此之外，邪马台方面还准备了传统礼物——生口10人，四男六女。

说句难听点的话，这30个人光是当礼物的就要送出去三分之一，实在是不太像外交使团，倒是和人贩子集团有那么几分相似。

不过日本人运气不错，每次去送小鱼干都能碰上拿鱼塘跟他们换的主儿，这次，碰到了魏明帝曹叡。

曹叡，曹丕之子，外号曹大善人。遥想当年，哥们儿跟他爹行猎野外，发现了一对母子鹿，曹丕先射死了母鹿，接着要求儿子射小鹿，但曹叡死活不干，还哭着说道，父皇你把人当妈的给射死了就已经够可悲的了，现在还要我杀那孩子，实在是太过残忍，我下不了手。

结果曹丕为儿子的善心所感动，并最终因此而促成了他立曹叡为太子的决心。

而那小鹿，因为失去了母亲，饿死了。

上面那句是开玩笑的。

说起来一模一样的故事在后来清朝时也发生过，除了曹丕换成乾隆、曹叡变成道光之外，其余情节完全雷同。

呵呵。

不管怎么讲，曹叡都是个好人，尤其是他有一个叫曹孟德的爷爷，两相一对比就愈发显得善良了。曹叡笑纳了贡品的同时，按照惯例予以了回赠。

在这方面，曹叡充分展现了一位大国领袖所应有的气度和风范，他回赠邪马台国的礼物如下：织有飞龙的锦缎5匹；珍贵动物的皮毛10张（可能是老虎）；白绢50匹；绀地句文锦缎3匹；黄金8两；铜镜100枚；五尺长刀两口；珍珠、铅丹各50斤。

凭良心讲一句，以上的回赠物品里，任由拿出一件来，估计都比邪马台的全部贡品都要来得值钱，包括那10个生口。

可这些却还不算完。

赏完了金银财宝之后便是封官，为了表彰难升米和都市牛利两位团长不远千万里冒着船沉入海的危险来到洛阳，曹叡特地封前者为率善中郎将，并赐黄旗一面，而后者则被任命为率善校尉。

在赏完封完之后，曹叡拿出了他最后也是最大的礼物——金印一枚，上刻四个汉字：亲魏倭王。

这就意味着中国已经承认了邪马台国王卑弥呼乃是倭国唯一的合法统治者。

虽然此时狗奴还在那里闹腾着，但曹叡已经摆明了立场：我方只承认一个倭国，并且坚持这一原则决不动摇。

难升米等人对此千恩万谢，在磕了无数个响头之后，他们启程返航，回国汇报。

第四章　太伯之后

·虚报人口绝非一家专利

就在难升米外交团取得丰硕成果回家后的当年，又一个好消息传了过来：大魏要派人来回访了！

幸福来得太突然，卑弥呼都有些不知所措了。

公元240年，消息传来：大魏使臣的船靠岸了。

这是中国人第一次以国家外交的名义踏上日本的国土。

因为魏国的文化技术比较发达，所以在使节团队伍中存在着一些相关的技术人员，能够把一路上的各种数据记录在案，从而使得今天的我们得以大致知晓由带方郡至邪马台需要走几里地以及关于邪马台国情的一点相关数字。

这帮人的行走路线是这样的：先走陆路到带方郡，随后上了船，往南航行了七千里，然后抵达狗邪韩国。

带方郡位于今天的朝鲜境内，确切说来是在平壤以南，本是乐浪郡的一部分，于建安九年（204年）分出。狗邪韩国你肯定知道是哪儿，就不多说了。

从韩国继续开船，走一千多里，到达了一个叫对海国的地方，在那里，使者受到了统治当地的部落首领卑狗和卑奴母离的热烈欢迎。

对海国就是今天的对马岛，当时那里算是邪马台王国下属的一个分支部落，据卑狗的介绍，此地方圆大约四百多里，住居民有一千多户。岛上山势险峻，林中野兽出没，几乎没有什么良田，住在那里的人基本上完全依靠食用海产过活，仍是过着原始时代的日子。

从上面这段话里你看出什么没？

不错，所谓居民一千多户，是假的。

原始时代哪有可能给你科学地统计人口，更何况时至今日人口不过三万出头的对马，怎么可能在两千年前的原始时代靠着打猎捞鱼就已经有了一千多户居民？无非就是天朝使者没话找话，问一句您这儿人口几何？然后倭国国王顺手敷衍张嘴就来：一千家。

当真你就输了。

魏国的使节团在对海国逗留了一晚，在吃饭的时候，几个倭人将刚刚从海里捞上来的上等蚌贝放在这些人的面前，并示意他们趁着新鲜尽快享用。

没错，这贝是刚捞上来，连洗都不曾洗过便直接端上来的新鲜之物。

所以魏国人有点傻眼，不知道该怎么下口。

倭人则以为对方是初到乍来没吃过这口，于是连忙很好心地教他们说，先用小刀把壳撬开，然后吃里面的肉就行了，同时还特意强调了一点：壳千万别吃。

一边说，一边当场演示了一遍，果真是撬开了贝壳之后将里面的贝肉给生吞了下去。

自燧人氏造火以来，吃了几千年熟食的中华人哪里见过这等场面，一个个险些把昨天在船上吃的晚饭都给吐出来，只能赶忙推托身体不适，食欲不佳，就暂时免了这顿盛宴吧。

倭人倒也聪明，一看这样子就知道魏国使臣吃不了生食，于是便赶忙点起火来，将鱼贝等物在火上烤熟了再奉上。

这顿饭就这么对付了过去。

第二天一早，使者告别了对海国的诸君，踏上了继续前行的道路。

往南航行一千里，到了一支国，就是如今的壹岐岛，方圆三百余里，多草多木多森林，但仍然是没什么好田地。

出了一支国，还是往南开船走，仍旧是一千里，到了末庐国。

末庐国就是今天佐贺县的唐津市，换句话讲，这帮人终于到了九州岛，离目标不远了。

再往东南走六百里，便是我们最初的主角——奴国，那里有住民两万户，算是比较大的部落了。奴国往南叫投马国，有住民五万户——两国人口都是国王或大夫红口白牙自称的，实际上并没有那么多。

投马国再往南，就到了本次出访的目的地——邪马台。

邪马台当时有民七万余户——重要的事情说三遍，真没那么多人。

女王卑弥呼以最高规格接待了天朝使者，并且特允他们在全倭境内都可以随便走随便看，除了女厕所女浴室之外，哪儿都能去。

也正因为此，当时连文字都没有的日本得以为后世留下那么些许资料，也总算才能让后人稍微了解一些关于倭国特别是邪马台的风土人情。

从总体上来看，邪马台虽然比较原始落后，但基本上还算是一个已经有了一套比较完备的道德体制和法律秩序的社会。

至于具体的说法，那就让我们跟着魏国的使者们，一起来看一看这个近在咫尺却又神秘无比的国度吧。

在中国话里，一个地方的情报通常会被称为风土人情，往往"风土"在"人情"之前，所以魏国的使者们首先是在邪马台的山川森林以及平原上到处参观勘察，结果他们发现，这是一个物资相当匮乏的国家，无论在何处，都看不到大型野兽比如老虎和豹子的踪迹，同时，老百姓似乎也不知道饲养牛马羊等家畜——别说饲养了，就连见都不曾见过。

而且虽说是已经进入了铁器时代，但因为铁矿资源不够多以及冶炼技术尚不发达，所以大多数的邪马台士兵依然用着木枪、木盾和木弓，而箭头则一般有三类，分别是竹制、铁制和骨制，其中当然是铁制箭头最为罕见。

此外，和魏国比起来，邪马台气候非常温暖，据当地百姓介绍说，即便是冬天，也只用穿一件衣服就行了。

风土之后，便是人情了。

·历史问题很多时候总能变成哲学问题

虽说都是黄皮肤黑头发,但邪马台或者说倭国的男性和当时中国男性的打扮,终究还是大不相同的。

主要体现在两点:头发和皮肤。

和古代中国人不同,倭人是不束发的,同时头发的长度也较之前者要短得多,一看就知道是人为修剪过的;同时,和两百年前第一次来洛阳时一样,每一个倭国成年男性的身上,都布满了图案各异的文身。

中华民族自古就讲究身体发肤受之父母,不敢毁伤孝之始也。像日本人这种剪了头发还文了身的,在一千八百多年前的中国绝对是大忌。

更何况文身文着既不好看又挺疼的,所以魏国使者不免就问了一句,说你们这么搞,有啥特别的意义吗?

一旁陪同参观的邪马台大夫先是给予了肯定回答,说有,接着又进一步做了解释:"上古时期,我国祖先多以下海捕鱼为生,长发多有不便,因此剪短,而在身上文身,则是为了吓退海中鲨蛟猛兽,久而久之,便成了一种风俗。"

魏使听闻后,并没有一种大千世界无奇不有的感受,只是一副若有所思的表情。

一行人就这么一边聊一边瞎转悠。走到一处村庄,看到不远处有个老人家正蹲着望天,邪马台大夫忙介绍说,这老爷子是本地远近闻名的德高望重之人,懂得也多,如果大人想了解我国的风俗典故之类,可以问他。

魏国人觉得这位爷真幽默。

贵国才多少年历史啊,还典故,呵呵。

但毕竟是来搞外交的,肯定不能呛声得太明显,以免有失大国风度。魏使琢磨了一下,走上前去打了个招呼,然后开口道:"老丈,贵国上古先贤,可有哪些?"

这话通俗讲来就是:老头儿,你祖宗是谁?

打仗都还在用骨头的国家,哪来的先贤,还上古。根本就是在挑衅嘛。

可万万没料到的是，那老人家的回答却让魏国人虎躯一震，险些倒退三步。

"我倭国国民，乃是太伯之后。"

太伯之后。

一部二十四史，从《三国志》开始，到后来的《晋书》《梁书》等，提到日本人，总会跟上这么一句——断发文身，自谓太伯之后。

断发文身就是刚刚说的，剪去头发在身上文个花纹，为了方便下海。顺道一提，这是春秋时期典型的吴越地区——尤其是吴国男儿的风俗。

吴王太伯，我们之前也已经提过，就不重复了。

日本人自称是太伯的后人，其实并非是说自己是太伯的孙子的孙子的哪个孙子，而是指自己祖宗是太伯子民，也就是吴地人。

或者换一种说法就是，日本文明，是传承自太伯吴地的。

真的还是假的？

这个问题其实并不难回答。

不过在回答这个问题之前，我们先拿中国来举个例子——为什么黄河流域和长江流域，会成为中华文明的两大起源点？

因为黄河种麦，长江耕稻。

人类文明的一切源点基本都是始于农耕，这道理很容易明白，你成天靠打猎摘野果为生，饥一顿饱一顿地过日子，连个稳定的饭票都没有，怎么去搞文明？

那么日本民族最初的稳定饭票是什么？没错，前面我们讲过，是九州北部的大米农耕。

那么这大米从哪儿来的？是距今三四千年前自长江下游的吴越之地而来——这是学界公论，我是老实人，不会骗你。

大米不长脚，不会自己漂洋过海来，只可能是人给带来的，谁带来的？

我要说有人不远万里从非洲跑江浙沪扛着一袋袋大米坐船去日本你也不会信不是。

这不是在耍嘴皮子，我们是有证据的。

证据大致有三，第一个，是青铜器。

第四章　太伯之后

在前面，我们曾经说过这样一句话，叫日本不存在青铜时代。

此言不虚，然而没有青铜时代并不代表没有青铜器，日本当然有青铜器，比如说铜铎。

铜铎其实就是铜制的铃铛，《说文解字》曾经曰过：铎，大铃也。

所以这东西当然是起源于中国了，传到日本大概是在弥生时代（公元前300—公元300年），目前日本列岛已经出土了大概500多个铜铎，主要集中在九州、四国、近畿以及中国地区（本州岛中部地区）。

铜铎在日本的用途大抵和中国一样，属祭礼之器的一种。而它的流传路径，学界曾经一度认为，是由辽东经朝鲜半岛传至日本列岛的，然后，在日本进行了封闭式的独立发展。

这个认知在距今大概十年前发生了动摇。

公元2006年，在无锡的春秋时代古墓中，出土了一些由陶瓷烧制而成的铜铎模型，这应该是墓主人——某不知名吴越贵族的陪葬品。而这些陶制铜铎，却意外地在款式画风上和日本弥生铜铎几乎一样。

当时就有学者断言，日本的铜铎是从江浙沪直接传过去的。

这个说法在之后数年里不断得到验证——其实两相一对比就能发现，在弥生时代东亚各地出土的铜铎中，日本产的确实是和吴越产的一脉相承，相似度极高。

在那个中日还未展开国际贸易和学术交流的时代，所谓"铜铎由江南传至日本"，实际上也代表着"带着铜铎和会造铜铎以及会用铜铎的那批江南人从家乡迁徙到了日本"。

当然，虽说铜铎于日本不亚于鼎于中国，但就一个民族文明的发祥起源而言，仅仅是几百个吴越产的大铃铛肯定是不足以说明问题的。所以，我们接着来说第二个证据——头盖骨和DNA。

话说在1999年的时候，东京博物馆成立了一个科技攻关小组，取名为"江南人骨日中共同调查团"，团长叫山口敏。这帮人的主要工作是横跨中日两国挖坟，然后把尸骨弄出来带回实验室调查。

当年3月，山口团长带着他的小伙伴们跑到江浙沪一口气刨了60座古坟，其中28座为新石器时代，17座春秋战国时代，还有15座为西汉时期。

他们详细调查了从墓主的头骨、大腿骨以及牙齿中抽取出的DNA，并和福冈县以及山口县出土的弥生时代日本人尸骨进行了对比，结论按照山口敏本人的话来讲，叫"酷似"。

尤其是春秋和西汉这两组调查对象，和弥生人更为接近，差不多可以说是一致了。

此外，在位于江苏省的另一次科考调查中，一处遗迹中所挖出尸骨的线粒体DNA配列，亦和福冈县太宰府维隈西小田遗迹中的尸骨配列几乎一致。

弥生时代日本的政治文明中心点主要都集中在北九州，这话我们已经说过很多遍了。而北九州人的DNA配列如果和同时代吴越人的配列极为相似的话，那就很说明问题了。

现在你终于明白当年面土国王帅升为啥敢如此豪放地请求从吴越移民了吧？他当然不需要考虑什么非我族类其心必异的事儿，因为大家压根儿就是一拨人嘛。

事实上除了对比DNA之外，还有一样东西也能作为证据，那便是文献。

希望你还记得"香椎"这个地名，是的，就是出土了那枚刻着"汉委奴国王"金印的地方。

在日语中，香椎被读作かしい（Kashii），不过这是当代的读法，在古时候，则被读作かし（kashi）。然而，无论是かしい（Kashii）还是かし（kashi），都是讹传，在最初的最初，香椎的正确读法是こし（koshi）。

而こし（koshi）在日语中，对应的汉字除了"香椎"之外，还有"越"。

你以为我是在教日语吗？不，我是在说历史。

若是以"越"为地名，你能想到什么？

没错，是吴越的越。

这并非牵强附会。

根据《古事记》等书的说法，元明天皇（707—715年在位）曾经将位于九州北部的一个吴越遗民居住点称之为"越"。

更早的记录是《日本书纪》以及《出云国风土记》，在这些书里，有一个叫越国的地方，住着一批自海外而来的移民，渐成气候，据土为豪，不服中央政权。后来这批人当然是被平定了，但为表怀柔之情王道之风，朝廷还是让投降后的这些人住在自己原先的地方，而地名也尊重他们思念故土的感情，沿用越国。

看到这里你多半会觉得我在骗你，日本哪有叫越国的？

这主要是因为越国在日本存在的时间并不长久，很快它就被再度分隔划为数个新的行政区域——越前、越中、越后，统称三越。

如果对日本史稍有了解的话，我相信对上述地名应该不会太过陌生，至少战国时代军神，人称越后之龙的上杉谦信，应该是听到过其名号的。

也就是说谦信的祖上很有可能是从江浙沪一带过来的移民。

温州之龙上杉谦信或者徐家汇一条龙上杉谦信……

甲斐之虎武田信玄与徐家汇一条龙纠缠半生相爱相杀的故事……

这画面太美，不敢往下想了。

越国的地理位置大约在今天的福井、新潟、石川等县。这些地方组成的越国，拥有长长的海岸线，也确实是一个坐船渡海后登陆上岸的好地方。

最后要说的是，在史书中，"太伯之后"这四个字之前，一般还会跟两个字——"自谓"。

自谓太伯之后，就是自称太伯之后。

在那个尚且还没有自己文字的岁月里，一代一代的日本人靠着口口相传，诉说着自己的由来，从秦汉到魏晋到南北朝，从帅升到后来的倭五王，几百年间众口一词地告诉下一代，自己是良渚伏羲后裔，吴越太伯子孙。

这是一个民族的记忆。

·邪马台的衣食住行

话题的跳跃幅度似乎有点大，我们还得接着前面没说完的，邪马台的民风民俗。

当时邪马台的男女比例很不协调，女性人口大大超过男性，属典型的肉多狼少，因此几乎每一个邪马台的男人都能拥有两个以上的妻子。

一般小户人家的老婆有两到三个，大户人家则能娶到五六个甚至更多。

但相当奇怪的是，据魏国使者的调查，尽管每户人家都是一男多女，可这些女人们却很少有人争风吃醋大打出手，甚至连红杏出墙都少有耳闻，比当年华夏宫廷里上演的那些宫斗戏目要太平得多。

同时，邪马台人的老婆除了是老婆之外，也是他们的财产。

根据法律规定，每当有人违法乱纪的时候，如果罪行比较轻，那么一般就罚没老婆，即把你的老婆充归国有，给卑弥呼大人当奴婢，数量根据你的罪行轻重来定，如果是重罪，重到罚光你所有老婆都不足以抵罪的时候，那么就会把你拉出去砍头，再重一点的，就牵连宗族一块儿去死。

这点倒是和中国挺像。

因为物资匮乏技术落后，所以邪马台人的吃穿住行看着都很寒酸。

吃方面，主食是稻米，配菜是蔬菜和鱼，其中蔬菜一般是生食的。因为魏国人在对马岛上已经见识到了生吃贝肉的景象，故而对此也就见怪不怪了，反正不入自己的口，权当你在吃沙拉。

邪马台人吃东西普遍用手，包括女王卑弥呼在内皆是如此，但也有极个别会用筷子的，比如那位曾经出访过魏国的难升米——这点和两百年前刘秀那会儿相比，倒是完全没有变过。

穿的话通常是麻衣，很少有棉的，丝绸什么的就更别说了。而且衣服的做法也非常不考究，男的通常就围个下身，女的则是把一整张麻布摊开，当中挖一个洞，往脖子上这么一套就算完事儿了，量体裁衣之类的程序通通不要，特省事儿（用布一幅，中穿一洞，头贯其中，无须量体裁衣）。

这种穿衣服的方式我见过一次，是在一部电视剧里看到的，那剧的名字叫《三毛流浪记》，不过三毛比起邪马台人来到底还是穷了点，他是用报纸"中穿一洞，头贯其中"来着的。

至于住，只要是成年男子，每个人都有自己的房子，哪里有空地你就往哪里盖，一切都是你的自由。

当然，房子一般就是木头骨架上面盖点草，不抗地震不抗台风，但怎么着却也是独栋建筑，原始人在这方面还是挺有福利可言的。

而在出行方面，因为连马都没有，故而基本靠走，条件好的话还能有个轿子，自然，说是说轿子，可实际上也就是一块木板四个人扛着，就是个担架。

此外，邪马台的一些宗教习惯也让魏国使者感到了莫大的惊讶。

在那里，占卜什么的通常手段倒是和中国如出一辙，都是烧骨头看裂纹以辨凶吉，但还有一个特色却是中国从来不曾有过的，那便是持衰。

所谓持衰，指的是某一个不特定的人，他由卑弥呼亲自用法力筛选出来，每当国中有大事，则会先派这个持衰坐船出海，同时，这个人在航行期间，不能梳头，不能洗漱，衣服也必须是破破烂烂，长满跳蚤的，如果能够平安到达预定的目的地再安然无恙地回来，那么就说明是吉兆，便赏赐他财物，然后按计划行事；若是一去不复返死在那茫茫大海里了，则说明是凶兆，赶紧罢手为好。

还有一种情况，就是假如这个持衰虽说回来了，可却是属于那种船沉了或者遭遇风暴被刮回岸边之类的侥幸生还，那么就对不起了，这个卦象叫持衰不谨，就是说虽然表面看起来是凶，但还有能将其挽回成吉的机会。

那么该如何挽回呢？很简单，把那个持衰给砍死就行了。

以上，便是邪马台国的一些基本情况，与此同时，对于那里当时的社会风气和一些相关秩序，魏国使者也做了一番比较详细的考察，最终得出了相当不错的评价。

估计是怕自己的老婆被罚抄没收，所以那地方的治安特别好，很少有人去偷去抢。

当然，原始社会的治安一般都比较好，这也是客观事实。

不过，落后归落后，但邪马台并非真的一穷二白，他们还是有经济可言的，比如魏国人发现，当地已经有了市场，而且覆盖率挺高，换言之，这地方其实是有可以用来做交易的剩余物资存在的，同时，也有货币。

不光有市场，就连经济秩序也被建立了起来，比如为了控制物价，卑弥呼就特地设置了专门的机构，安排了专门的人手来管理市场，以防价格出现狂飙或是暴跌等恶意操控现象。

同时，在这个国家，已经开始渐渐地出现了先富起来的一部分人，他们的房子比起普通老百姓的来要考究很多，堪称豪宅，不过这些人大多数都是特权阶级，往往是先当了卑弥呼手下的大官，然后再以权谋私成了有钱人。

邪马台的老百姓对当官的必须要绝对服从，比如农民在路上碰见了官员，就得立刻趴下身子，滚到一旁，用蹲着或是跪着的方式打招呼，当官员问话的时候，百姓则一定要双手触地，并且大声回话。

最后，魏国使者们还对邪马台国以及周边地区的住民的健康状况进行了观察。

这个国家的人民身高普遍不高，平均成年男子也就三四尺而已。

汉代的度量衡和现在差别甚大，一尺大约等于如今的23厘米，换算下来，当时邪马台人的身高连一米都未满。

人长得不高的原因，多半是和当地的住民很少摄入动物蛋白有关，但或许也正是因为这种饮食习惯，邪马台人的身体都非常健康，平均寿命也很长，活到八九十岁的老人十分多，甚至还有百岁高寿的，让魏国使者惊叹不已。

你是不是也要惊叹日本人长寿是有光荣传统的？

别急，在惊叹之前先琢磨这么一件事儿：邪马台国用的是哪种历法？一年有几天？

不知道了吧？其实我也不知道。

史料记载的太古先贤们之所以一口气就能活个一两百岁而你活到八十都得横保健竖养生的唯一原因就是历法有差，上古时代原始部落里一年绝对没有365天，自说自话自己活了一百岁的原始人，搞不好也就七十来岁。

但无论如何不管怎样，在魏国使者们的眼里，邪马台都是一个相当不错且非常值得交往的国家，即便有和天朝相异之处，但毕竟是各人有各人的过法，没必要去干涉过问，所谓求同存异嘛。

因此在回到洛阳之后，使者们毫无意外地向曹芳汇报说，在邪马台女王带领下的倭国人民有仁有义，还很懂礼节，相当讨人喜欢——当时曹叡已经驾崩，由养子曹芳继大统，再由曹爽司马懿左右辅佐。那两位爷虽说相互很是不待见，但至少在对倭国的外交策略方面，还是保持着高度一致的。他们认可了使者们的观点，决定把卑弥呼正式发展成大魏王朝的战略合作伙伴。

·亲魏倭王

由于在两国之间一来一往的两次互访中，魏国赐予了邪马台很多礼物，尤其是第二次，除了数量和质量远超第一次的那些丝绸珠宝金银等财宝外，甚至连台与的礼物都准备了——木质的兔子玩具一个，所以心怀感激的卑弥呼想到了投桃报李礼尚往来，打算再度派遣使者赴魏访问，以表答谢——或者说是"再多拿点儿"。

魏正始四年（243年），邪马台使者伊声耆、掖邪狗等八人赴洛阳面见曹芳，得大量赏赐，其中掖邪狗还被封为中郎将。

值得一提的是，在伊声耆、掖邪狗的这次出访的礼单中，邪马台国除去像以前一样送了棉布生口小鱼干之外，还多了一样稍微拿得出手的东西：倭锦。即日本自制的丝绸。

也就是说，养蚕和制丝的技术，大概在这个时候已经从中国传到了日本。

而就在这批人回倭之后，卑弥呼又立马开始酝酿下一次的出访了。

虽说在常人看来这真的是有点过分了，你借着进贡的名义来来回回拿回赠不说，还反复拿，多次拿，这算什么事啊。

然而只有卑弥呼自己清楚，这次遣使魏国，真的不是占便宜去的，而是去求救的。

狗奴国又杀过来了。

其实这早已是邪马台联邦诸国的日常了。只不过这次狗奴来势特别凶狠，似乎是要一举将卑弥呼消灭在老家的感觉。在他们强大的战斗力下，邪马台联盟失地丢城，节节败退，虽然靠着人多势众才勉强稳住阵脚，可任谁都知道，若要长期这么打下去，那全邦灭亡也不过只是个时间问题。

在这种情况下，肯定要抱大腿了。

因为此次出访事关重大，故而卑弥呼决定把首席使者的重任再度交给在当年曾在魏国上下好评如潮的老牌外交官——难升米。

对此，难升米大人表示义不容辞。

出使之前，照例，是要烧个乌龟壳占一卦的。

不过这一回卑弥呼并未亲自出马，而是把机会给了时年9岁的首席大弟子台与。

噼里啪啦的火烤声中，台与双目紧闭，脸上布满了本不该是她这个年龄该有的严肃。良久，睁开了眼睛："我已知结果了。"

卑弥呼则用很沉缓的语气问道："是为何？"

"请让禾鹿也随使节团同行吧。"

卑弥呼先是迟疑了一下——她在想禾鹿是谁。几秒钟后，脸部肌肉微微抽搐了一下。

这就好比你老板问你，明天去北京见客户你觉得会不会顺利？然后你回答，要不带我的小姨子一块儿去吧。

倒不是答非所问，只是以权谋私罢了，而且谋得有点点明显。

不过卑弥呼并未在意，相当豁达地同意了台与的请求——既然想让自己的亲哥哥一起去，那想必占卜的结果不会是坏的吧。

此时的禾鹿已经是个快二十的大小伙了。在正式任命他为外交团一员后，卑弥呼很有人情味儿地表示，你要不去和台与见上一面吧。

相隔数年未曾谋面，兄妹彼此的变化都很大。台与微笑着说，禾鹿君，这次访问魏国要辛苦你了。

禾鹿也微笑着回道，不辛苦，台与大人您也要自己注意身体，这天眼瞅着就要入秋入冬了，自己多穿点。

会见自始于微笑，亦在微笑中圆满结束。

然后，大家上路了。

然而台与的法力到底还是没练到家，那一卦终究没有她预想的那么顺。船才出了海，便碰上了意外：狗奴王打听到了消息，特派一支军队也坐着船杀将了过来，打算把邪马台人截杀在海里。

因为是使节团，而且谁也没想到会碰上这种遭遇，所以邪马台的船上并没有安置多少随行的护卫，面对强敌，他们唯一能做的事情只有逃走——划着船逃走。

在经过一阵激烈的追逐之后，尽管邪马台那边被射伤了好几个人，但总

第四章 太伯之后

算是摆脱了对方，并且安全抵达了带方郡。随后，一行人和他们的前辈一样，自带方走陆路，到达了洛阳城。

禾鹿震惊了——对于他而言，这次固然是负有重命任务在身，但除此之外，更多的则是一种震撼，直击心灵的震撼。

因为洛阳城。

其实早在洛阳城外，禾鹿就已经被一路所见屡次刷新了三观，比如他第一次看到了耕田的牛；第一次看到拉车的马；第一次知道，原来动物除了吃肉扒皮之外，还能为人所用。

之后，又看到了黄河，面对奔腾不息的水浪，禾鹿根本无法想象这种级别的东西在魏国仅仅只是一条河而已。

倒是难升米一副习以为常身经百战的老外交家腔调："此谓黄河，是魏国最大的江河，能跟它相比的，只有南面孙吴的天险长江而已。"

怀着万分的惊讶，禾鹿走进了洛阳。

然后么，三观又被刷新了。

望着比邪马台国更大的皇城，禾鹿甚至觉得脚下踩的青石板都是一种奢侈物品。

午饭时间，当魏国的接待人员端上来一盘盘冒着热气的美味时，禾鹿立刻十指乱动，扑了上去，但却被难升米给一把拦住："在这里吃东西，不能用手。"一边说着一边还递上了两根小木棍："这叫筷子，有教养的人都用这个。"

难升米应该是日本史上第一个接触筷子的人，而这次出使魏国，也得以让筷子这东西，被带回了日本普及。

吃过饭，魏国又准备了华丽万分的歌舞表演。

这简直是一个神一般的国度啊。

我想，这不光光是禾鹿的想法，其实也应该是那个时代所有来过中国的日本人的想法。

吃好玩好之后，一行人终于见到了曹芳。

时为魏正始六年（245年），曹芳正好16岁，因此难升米他们一般背地里称之为"少帝"。

少帝看着眼前的日本人，显得非常客气，表示你们跋山涉水远道而来，实在是辛苦了，如果没有别的事情，那就先回驿馆歇息着吧，要想谈家国大事，明天找大将军商量去。

大将军就是曹爽。这会儿曹家宗族正红红火火，司马懿父子正在老家凉快着呢。

第二天，曹爽如约接见了难升米。寒暄过后，便直奔主题，问其来意。

难升米说我邪马台自从受了大魏的封王之后，一直都把魏国大皇帝当做举国上下的真命天子，卑弥呼大人更是每天都会遥拜西方，为皇帝陛下祈福，本来倒也风调雨顺国泰民安的，可没想到现如今南边的那狗奴玦不是玩意儿，仗着兵强马壮就整天来欺负人，眼瞅着我们邪马台联邦是干不过他了，只能请万能的大魏帝国想点法子，帮帮我们吧。

曹爽问你打算让我们怎么帮？

难升米说你看着帮。

曹爽说中，那这事儿就交给我们吧。

大魏言而有信，驷马难追。在日本使节团回国后不久，曹芳便下了一道圣旨，赐难升米黄幢一面。所谓黄幢，就是魏国的军旗。这玩意儿虽说从实际价值上来看，确实不如金银珠宝，但却意义重大。

什么人才能用魏国的军旗？当然是魏国的军人。

既然给了难升米一面魏国军旗，那就等于是告诉狗奴，这是我们魏国的人，要想动，先想想怎么跟我们大魏交代吧。

之后，曹芳又派出塞曹掾史张政去了一趟日本。

塞曹掾史用今天的话来讲，可以通俗地被认为是国家对外事务办公室主任。

张政首先抵达邪马台，跟卑弥呼见了面。在会见过程中，张政指出，虽然魏倭两国国情和制度不同，但始终互相理解、支持、尊重，大魏朝廷非常重视对倭友好关系，始终坚持邪马台才是倭国正统这一原则，在涉及倭国核心利益的重大原则上，向来坚定地支持邪马台联邦，并且我大魏从来主张国家无论大小、贫富、强弱，都是我曹家小弟，所以现在你们有难，我们绝对不会坐视不管。

卑弥呼对此深表赞赏和感谢，同时也表示，张大人的这次访问，一定会为双方关系发展注入新的更大动力。相信在双方共同努力下，魏倭睦邻友好合作关系一定会迎来更加美好的未来。在会见圆满结束之后，张政在邪马台小住了几天，接着便往南走，去了狗奴国。

另一方面，当消息传到南边，狗奴王听说了邪马台和曹魏频繁互动以及自己名字的正确汉字写法还有天朝使者正赶在来见自己的路上等情报之后，只是淡淡地"哦"了一声，内心毫无波动，甚至还想笑。

狗奴王很自信，这自信来源于两点：首先，他相信县官不如现管，曹魏跟邪马台关系再好，哪怕是两家和亲，那魏国士兵也不可能漂洋过海来倭国打自己的；其次，又不光你邪马台一家有同盟，老子也有啊。

他真有，那人叫孙权。

·大魏的小算盘

话说到这里，我们就有必要先来讲一讲这样一个问题：为什么魏国会对邪马台那么好？

因为想找一个同盟，一起对付孙权。

时为三国鼎立，西南是蜀汉，东南是孙吴，整个北方则基本上都归曹魏所管，因为魏国过于强大，使得蜀国和吴国不得不联起手来共同与之抗衡，而对于魏国而言，虽说南面的两国还不至于使自己灭亡，可反过来讲，自己若是想要把他们给吞并，那也是有点力不从心的。

在这样的情况下，魏国就需要有一个盟友，能够对吴国或是蜀国造成威胁，不求攻打，只求牵制，而且最好是牵制吴国，因为吴蜀之中蜀国的国力较弱。

于是邪马台就被选上了。

这是一个近乎于今天有水星人要拉拢火星人对付月球人一般的荒诞想法，但却是事实。

至少孙权明白，这计划并不扯淡。

其实吴国跟倭国的交往要比魏国深厚频繁得多。

吴黄龙二年（230年），也就是在难升米他们来中国的九年前，孙权便派遣卫温、诸葛直两人率兵数万出海，根据《三国志》上的说法，目的是寻找夷洲和亶洲。

引用《三国志》的原文来讲，就是"遣将军卫温、诸葛直将甲士万人浮海求夷洲及亶洲"。

当时在吴国的一些老人中，流传着这样的一个神话：夷洲虽然不知到底是啥地，但这亶洲却是赫赫有名，当年秦始皇派出的那位找长生不老药的徐福，正是最后在亶洲落了脚，并且还扎了根，再也不曾回来。

徐福到底去了哪儿，这是另外的一个话题，此处暂且不提你也不用放心上。反正最终结果是夷洲找到了，就是今天的台湾，卫温和诸葛直在那里驻兵了一年多随后又返回了东吴，回来的时候还带了几千个当地的土人，算是礼物。至于亶洲，则完全没有头绪，因为谁也不知道那地方究竟在哪儿。

其实这是个悬案，今天都没人知道亶洲究竟在何处——从冲绳到日本本土，甚至是南洋列国乃至印度支那，诸说纷纭。

这并不重要。重要的是，这并非真相。

孙权派卫温和诸葛直出海不是为了找亶洲和夷洲的。

理由很简单，因为在卫温和诸葛直自台湾回来之后的当年，就发生了一件大事：他们两人被同时下了大狱，然后又同时被杀。

罪名是"违诏无功"。

违诏，就是违背了孙权的命令；无功，就是任务没完成。

事情发生在回来的当年，而且又是两人同时被杀，所以不管怎么看，卫温和诸葛直的死，似乎都和"求夷洲及亶洲"一事有关。

换言之，他们这次出海，不光没有完成任务，而且还违背了孙权的旨意。

这就很奇怪了。

夷洲和亶洲两地，在此之前都不曾有过真正意义上的地理数据，无人知晓那两块地方到底位于大海中的何处，说白了，卫温和诸葛直其实是去探险的——"求"嘛。

既然是探险，那就全取决于人品。这是一种撞大运的行为，就算找不

第四章 太伯之后

到，那也是老天不赏脸，并没有治人罪的道理。

就算他孙权天生变态视人命如草芥，想砍几个人头玩玩，那也大可以用诸葛直罪大滔天、卫温搞得百姓怨声载道之类的理由，着实犯不着用无功违诏来当借口，毕竟那两人老老实实地坐船出海去"求"夷洲和亶洲了，显然算不得违诏，况且虽说没找到亶洲，但夷洲却是明明白白地求到了，还带了那么多土人回来，又怎能算得无功？

以违诏无功来处罚二人，简直是在打自己的脸。

更何况从实际形势的角度出发来看的话，你就会发现这事儿挺扯淡的——吴国虽然占据东南，还算富庶，可这也不过是和西南蜀国相比的结果罢了，要是和魏国比的话，那显然是还差得很远。这样的国家哪可能没事闲得慌派人出去玩探险这种烧钱的勾当，而且一出海就是数万人，那肯定得有的放矢，不然茫茫大海丢万把人进去干吗？

所以我们完全有理由相信《三国志》写错了，卫温、诸葛直二人肯定不是冲着夷洲和亶洲去的，而是另有所图。

当时在世界上能够为中国人所知的，位于海外的，需要坐船去的，并且确切存在的国度，同时交通还算便利的，说穿了有且只有一个——倭。

他们想去的地方很可能是日本岛。

如果把夷洲换成倭国的话，那整件事情就可以说得通了：孙权派卫温和诸葛直去倭国办外交，结果两人走岔了道儿，误打误撞地漂到了夷洲，于是只能趁势占领，窝了一年之后带了几千个土人回国交差，虽说扩大了版图是个好事，但显然孙权对此并不满意，所以两人就这么被下了大狱，还被砍了脑袋。

本该去倭国的，没去，是违诏。

本该办外交的，却没有丝毫进展，是无功。

总结起来就是违诏无功，依律当斩。

此外，亶洲姑且不论，夷洲这个地方第一次出现在文献的时代是西晋，也就是记载于《三国志》上，在此之前，中国人并不知道自己的祖国居然还有这么一个叫夷洲的宝岛。从这点来考虑，孙权也不会让人去找一个自己听都没听到过的地方。无论如何，台湾的发现，都是一种误打误撞。

而孙权派人去倭国的动机其实也很简单——他想打造一个国土炼成阵，哦不，一个曹魏包围网。

话说在太和二年（228年）的时候，辽东大乱，原辽东太守公孙恭因病而被其侄公孙渊逼迫让位，公孙渊执掌辽东后，立刻写信私通孙权，两家达成地下协议，由孙权封公孙渊为燕王，然后一南一北共同夹击曹魏。

对于此时的孙权而言，天下大势从来都不曾如此美好过：南面是自己，西面是蜀汉，北边公孙渊，若是能再在东面找一个同盟，那么便能形成一个让魏国陷入四面楚歌之境的田地。

东面有谁？倭呗。

比起魏国和邪马台，东吴和倭国的关系可谓是深厚密切——注意，是整个倭国，而不是某几个部落。

昭和五十四年（1979年），在位于山梨县的鸟居原狐冢古坟，出土了一枚铜镜，上面刻有"赤乌元年"的字样。

而在关西兵库县宝冢市的安仓古坟，也出土过一枚刻着"赤乌七年"四个字的铜镜。

此外奈良县的茶臼山古坟和同县的大和天神山古坟，也都出土过赤乌年间的铜镜。

赤乌是东吴用的年号，铜镜则是中华王朝用来下赐或是馈赠给友邦的传统礼物，魏国就送过邪马台铜镜百枚来着。

所以这就足以表明，东吴政权和日本在政治方面的交往，既频繁又深入——当时关东还算不毛化外之地，结果孙权的小镜子都能送到那儿去，来往紧密可见一斑。

不过曹魏包围网的打造并没有想象中的那么顺利——公孙渊觉得孙权并不靠谱，于是便杀了吴国的使者重新投靠了曹魏，而倭国那边虽说是遍地开花都有自己人，可那也仅仅是部落而已，摇旗呐喊精神支持尚且犹嫌不足，更别提帮着自己反攻倒算了。再加上孙权原本心中的头号拉拢对象邪马台也当了曹家马仔，于是设想中的包围网就在设想阶段这么崩坏了。

所以总结起来就是，自刘秀接见以来，日本列岛经过了两百余年的发展，终于拥有了足够引起中国所认可重视的文明程度，并且也成为了魏吴两国拉拢的对象。

伴随着文明一起成长的，还有野心。

·同文同种的分水岭

张政来到了狗奴国，以天朝上使的身份向狗奴王提出严正交涉，要求他们立刻停止欺凌邪马台联邦的愚蠢行为。因为那是大魏曹家罩着的小弟，不容你乱来。

同时，张大使还要对方认清当前形势，正确把握未来——在天兵未到之前赶紧归顺邪马台联盟，做大魏的小小弟吧。

狗奴王的答复是呵呵。

你们魏国水师真那么能打早在赤壁那年就跨过长江天堑踏平江东了，犯得着在这儿跟我较劲吗？更何况真要出兵倭国，就不怕蜀汉东吴乘虚偷袭吗？还敢说渡海来战天兵驾到，还敢叫我去给卑弥呼拜码头，这口气大得真是惊天地泣鬼神，我给你打九十九分，少给那一分是怕你骄傲。

于是张政也毛了，说我干了那么多年外交也是第一次碰到你这样的无礼之徒，真是活得久了啥都能见到。这样吧，老子就在邪马台住下了，你敢打那就打过来吧，有种先把我杀了，看看魏国会不会出兵。

狗奴王说哦。

双方就这么不欢而散了。

狗奴王认为再怎么样这也是倭国内部的事情，你张政就算是天朝使者，也没资格干涉。

你觉得这是一种不屈的反抗也好是一种逆袭野心的萌芽也罢，总之从这个时候起，开始有日本人对中国产生不服心理了。

张政很守信用，真的在邪马台住下了。而狗奴王也是一个实在人，真的继续发兵攻打骚扰联邦各部落。

这样的日子一过就是两三年，在公元248年左右，出事了。

卑弥呼驾崩了。

尽管不知道确切的生卒年月，但从活跃年代来推算，老太太去世的时候至少也有个七八十来岁了。

女王的驾崩让邪马台联邦上下悲痛不已，大伙给她建起了一座规模巨大，纵横百余步的陵墓，同时还用了一百多生口做陪葬。

然后就开打了。

卑弥呼去世之前，曾立下过遗嘱，将女王之位传给台与。然而小姑娘当时不过十三四岁，无论站在哪个时代的角度来看，都是属于那种不折不扣的无行政能力的人。所以，下面的一些大叔开始狂躁起来。

有的邪马台联邦加盟国国王觉得自己兵精马壮，所谓倭王的王位，直接靠抢就行了，这种现象比较普遍，但凡手头有几个能扛枪的，都在那里跃跃欲试，准备争夺王位；还有人宣称卑弥呼的遗嘱是假的，真正的遗嘱上指名的继承人，是自己，这算是文艺的；而表示应该严格遵照卑弥呼遗嘱，让台与来继承大统的，虽然也不乏其人，但却被当成了二傻子。

于是场面就不好控制了，为了争夺王位，各部落首领纷纷兵戎相见，而狗奴王一看这架势，大喜称善，也趁乱提兵来战，整个倭国顿时血流成河哀鸿遍野。

史称倭国大乱。

大乱之中，仍在邪马台住着的张政终于明白，天朝使者的身份根本不足以阻挡这场灾难。

一群人一打就是几个月，耽误了生产不说，还造成了数千人死亡的惨剧——对于原始社会而言，数千壮劳力的死，是一种比较沉重的打击。

所以大家决定在人口损耗完之前坐下来谈谈，而谈判的结果是，每一位部落老大都不愿意看到其他老大成为新的联邦国王，可又非常清楚自己也很难坐上这把宝座，于是大家最终拟定了一个极为折中的办法——遵照卑弥呼的遗嘱，公推台与为女王。

这点甚至连狗奴王都表示了认同。

绕了一圈又给绕回来了，可死者却已然不能复生——人类的悲剧性从原始时代就已经根深蒂固了。

台与成了女王，那个小小的预言者，受着父兄宠爱的小姑娘，成为了日本有史以来的第二位女王。

这是一个里程碑，也是一个分水岭。

日本从原始时代起到明治维新前，在政体方面都会或多或少地模仿中国，所以在很多时候两国的学者都会表达出这样一个统一的观点，那就是两国的历史流程极为相似，不光是历史学家，就连政治家也有不少是这么认为的。比如在晚清那会儿，就有无数政客认为，大清要走向强大，必须要学习和自己同文同种的日本。甚至还有人把慈禧比作幕府，光绪比作明治天皇，要求光绪帝像明治天皇扳倒幕府那样去消灭慈禧。

这种观点是否正确在此不做评论，但其根源，还是源于上述认知，即认为日本的历史其实是中国历史的一个缩影，就算有个中细节不同，大方向是一致的。

就连我们这本书在序章中都说过，日本史在最初的时候，只是中国史的一部分。

然而，当你读到上面这句话时，就已经不是了。

中日两国的历史流程，从此开始走向不同。

而其中这最大的不同点，则在于两国的最高统治者。

中国古代，最大的是九五之尊的皇帝，皇帝出现之前那叫天子。

但无论是皇帝还是天子，它的诞生，绝大多数都是依靠武力来决定的：无论是黄帝胜蚩尤，成汤赢夏桀还是后来的秦皇汉武唐宗宋祖，靠的都是拳头，谁厉害，谁老大。

可日本就不一样了。

日本的最高统治者是天皇，天皇这个称呼是很后面才有的，但最开始的天皇，或者说天皇的雏形，其实就是倭王。

第一代倭王，卑弥呼；第二代倭王，台与。

还记得卑弥呼是怎样成为邪马台国王的吗？

没错，因为她能通神，所以原来的国王把王位给禅让了。

而台与，也是因为有超能力，所以被卑弥呼给发掘了出来，从侍女起步，一直当到倭国王位的继承人。

她们靠的都不是武力，而是神力。所以日本人常常称自己的国家叫"神之国度"，宪法都曾经明文记载天皇是神而不是人，就是这么个意思。

通俗地讲，中国的老大，是打出来的；日本的老大，则是拜出来的。

千万不要觉得这只是历史的细节，正是这种最初的分歧，才终究造成了中日两国在数千年之后的巨大差异。

总体来讲，卑弥呼和台与这两代女王的相继，不仅意味着日本已经完成了从原来零零散散互相独立的村落群到如今一个具有统一雏形的国家政权之间的过渡，同时，也为后来天皇这一在日本历史上具有半神地位存在的出现，打下了最初的基础。

第五章　渡来人

· **不要光看书，要挖坟**

台与是一名非常不错的继承者，萧规曹随地传承了卑弥呼时代的所有治国之道，将倭国上下打理得井井有条。

公元265年，司马炎取代魏元帝曹奂，建立晋朝，称晋武帝。

第二年，在倭国蹲了整20年的大使张政结束了自己的外交使命，奉旨回国了。好在新朝不斥旧臣，张大人的身份还是外交官，并未遭到清洗。

圣旨除了要张政回国之外，还希望他向新皇帝展示一下自己20年来的外交成果。

天高皇帝远地混了那么多年，总不能白拿工资吧。

于是这一年张大人回国时，带回去了一支50人左右的倭国使节团，团长是当年出访过魏国的掖邪狗，和以往不同的是，本次使节团准备的贡品已经不再是寒酸的破布、烂袄、小鱼干、兽皮了，而是珍珠、绸缎、宝石等值钱货。当然，还有独具特色的传统礼物——生口。

贡品质量的提升无疑代表着生产力的发展，也意味着台与确实是个好女王。

这是日本和晋朝的第一次往来，也是最后一次。

之后，邪马台这个在历史上留下诸多谜团的国家，消失在了茫茫史海之中。

和它一起消失的，还有倭国——在日本列岛掌握文字的系统用法之前，其历史记载工作一直是由隔壁中国免费负责的，问题是中国的史官也不是闲得慌的人，不会专门分一个部门出来管记日本史，通常只有对岸来搞外交了，才会写上那么一两篇，不然才懒得搞。

因为自台与遣使西晋后的一百多年里日本都不曾再和中国发生过官方互动，于是整个4世纪的日本史都没人记载过一个字。

史称空白的4世纪。

但无人记载并不代表没历史，也不代表什么也没发生，更不代表后人会对此一无所知。事实上人类社会，只要是人做的事情，那多多少少都会留下痕迹，追寻着这些蛛丝马迹，总能找到些我们想要的东西。

所谓若要人不知除非己莫为嘛。

在公元4世纪，日本的政治中心发生了转移，从原先的九州北部，经中国地区的鸟取县，转至了近畿一带，即今天的兵库、大阪、奈良以及京都。

随着政治中心的转移，版图也不断扩大，在一百年里，鸟取、兵库、大阪、奈良都成了倭国的领土。

我怎么知道的？

因为有古坟啊。

古坟，泛指古代的坟墓，在我们中国人眼里，清朝的坟是古坟，汉朝的坟也是古坟，但是在日本就不同了，那地方的古坟是有特指的。在日本史上，通常把建造于公元3世纪后半叶到公元7世纪，且规模巨大的陵墓称之为古坟，同时，也把上述时间段称为古坟时代。

像卑弥呼的那个方圆千百步外加数百生口陪葬的陵墓，就是一个非常典型的古坟。

看到这儿你也就该明白了：这种东西，根本就不是普通人能造得起的，只有权高位重的统治阶级，才有资格和能力在自己死后为自己建起一座规模巨大、能被后世称作"古坟"的陵墓的。

老百姓的那个只能叫尸穴。

于是事情就变得很明朗了：既然是只有统治阶级才会有的特权，那么只要根据一个地方所发现的古坟数量，便能推断出此地在古坟时代住着多少王公贵族，拥有古坟最多的地方，等于说就是当年王公贵族的聚集地，自然，也就是政治中心了。

据统计，截至今天，日本总共发现的古坟数量为161560座，其中，兵库县拥有16577座，居全日本之首；鸟取县有13094座，福冈县有11311座，京都府有11310座。

这十几万座古坟足以证明上述地区都曾经应该是日本中央核心政权的所在地，至少是政治重地。至于迁移的路线，那基本是呈线状地自西向东没跑儿了，毕竟迁都不是四渡赤水，不带玩迂回的。

此外，在千叶县也发现有古坟13112座，可这并不意味着倭国迁都去了那地方，也不代表关东也已成了倭国领土，而是表明4世纪的日本并非是完全统一的，有人另立政权，抗衡中央。

但是学界也有一个比较可怕的推测，那就是并非有贼人另立中央，而是关东这伙人本身就是中央——他们是一群从西伯利亚、蒙古等地跨海而来的骑马民族，在北海道扎根立足，一路西进，最终将原先根正苗红的九州王朝给干掉后取而代之了，整个4世纪都是双方的刀兵相见，于是自然也就没工夫来中国拜码头了。

这就是著名的骑马民族征服论。

不过因为证据严重不足而且处处是疑点，所以你也不用太当真，权当听个故事。

古坟时代之所以叫古坟时代，除了古坟是一大特色之外，更重要的一个原因是那个时代所留下的，唯一能够让后人了解它的遗产，也基本上只有古坟了。

所以你要想知道古坟时代是怎么回事儿，就得先明白古坟是怎么一回事儿。

·如何为自己造一座漂亮的坟

日本的古坟虽说数量众多，有六位数之巨，但从外观来看，总体上都是大同小异，主要有三种模样：圆形坟、方形坟以及方圆坟。

圆的和方的没什么值得多说，想不出样儿的可以回家自己买一张烧饼和一块豆腐干好好观察。关键要说的是方圆坟。

方圆坟也叫上圆下方坟，因为它的外形通常是圆形在前部，方形在后部，并且那方也不是正方长方，而是略显梯形，所以站在高处眺望的话，会发现这东西更像是一个钥匙孔。

其实方圆坟在数量上并不多，甚至可以说是罕见，因为在那十多万的坟头里，真正意义上的方圆坟，实际上不过五六座，其他的多为下面方块，上边则是个近乎圆形的多边形。但是方圆坟的存在意义非常重要，堪称日本古坟的代表，因为这种造起来非常复杂的陵墓里，从来都不埋一般的死人，几乎可以说是皇室专用。

比如据称是天智天皇陵寝的御庙野古坟，便是上八角下方块的伪方圆坟；而位于大阪的大仙陵古坟，全长486米，体积超过140万立方米，堪称日本第一大古坟，那可真的是一个非常标准的方圆坟了，里面睡着的据说是仁德天皇，此人我们放到后面详细讲。

500多米的坟包在当时的日本已经算是跟造万里长城差不多一个级别的工程了，而且不光是占那么大的一块地就能算完的，坟外得有壕沟，坟墓的本体得用石头给一块块堆出来，上边还要有装饰，进了陵墓的大门，在墓穴里要画上反映天体群星的壁画，同时还得在里面挖上坑，放上巨大的棺材。

所以长期以来一直有很多人都很好奇：在那个时代的那种生产力之下，造一座像大仙陵那样的古坟，究竟得用多少人力和物力？

这个问题其实还真有人研究过，并且也真的得出了一个还算靠谱的结论，不过在说这个结论之前，我们得把背景给交代一下。

首先，造古坟是以当时的生产条件为基准的，也就是说，排除一切诸如推土机爆破弹这样的现代工具，只考虑铁锹木杷。

其次，那年头日本人口真心不多，如果全民动员造坟墓，那恐怕只能是造完了大家一块儿躺进去拉倒，因为没人种地了，故而参加建造大仙陵的劳工，应该在2000人左右，不会有太大的偏差。

最后，这是一个假设，因为活在今天的我们不知道那会儿日本人的作息制度怎样，或许是每天劳作全年无休，或许也可能是做一休一，所以我们只能假设一下，假设他们的工作时间和我们一样，一周5天，每天8个小时。

根据以上背景条件，现在就由我来介绍施工详情。

第一步是清理坟区，除掉杂草，砍掉树木，把地方给腾出来，这需要3个月。

接着是丈量土地，这得花去将近2个月。

做完上述的前期准备以后，便是正式开工了。其中，最外处壕沟的挖掘，需要差不多11个月，内壕沟的挖掘工作则要46个月，而墓穴本体的挖掘则需耗时103个月上下。

挖完沟之后就要铺石头了，那会儿没有大理石，就连青石板都没有，古坟的主要建材是普通的天然石块，地里头捡来看着大小合适模样凑合就铺上去了，采石、运石和铺石这三项，总共需要花费大约195个月。

弄完这一切，整个工程基本上就算是差不多了，接下来，只要再把放棺材的那个地方给花上半年整修一下，这地方就能躺人了。

最后的工作是拆除工事，整平道路，这些需要9个月。

由于有的工事是可以放在一起同时进行的，所以时间总数的计算方法并非是单纯地把上面数字相加，只是各种具体在此不必多费口舌，还是直接说答案吧：16年。

而在动员人数方面，以2000人计算的话，那么挖土需要67万人次；运走那些被挖下来的土，则要446万人次；装土，要24万人次；前期测量，清山以及排水，要43万人次；采集石块搬运石块和堆积石块这三项的人次，则在20万。

总计680万人次左右。

最后再做一个假设，那就是如果按照今天在日本工地上打工，一天工资为12000日元计算的话，那么光是大仙陵古坟的劳务费，支出就在日元800亿，折合人民币大约60亿元。

以上，便是方圆坟的基本建造步骤和所需成本，但希望你能明白，这成本仅仅是理论上的。

在实际操作中，当时的日本民工不但拿不到我们刚才说的工资，相反甚至会因为参加了这份工作而连一日三餐都难以保证，这是因为那个时代的日本还没有用于保护下层百姓的法律，对于统治者而言，老百姓就是自己财产的一部分，有多少就用多少，能用到什么程度就用到什么程度，根本不用考虑对方的死活。所以老百姓跑来修坟，上头除了提供工具和管上两顿饭之外，就几乎再也不给福利了，这便直接导致了很多外地出身的民工误了自己家的耕种，等到坟修完，早就错过了季节，没耕种自然就没吃的，只能饥寒交迫地挨日子。

此外，在修建古坟的过程中，因积劳成疾而医治无效，因工伤事故死亡，因忍受不了艰辛逃走而被监工毒打致死的劳工们，则更是不计其数了。

在人类历史的长河中，但凡能被后世冠以光荣伟大的玩意儿，往往总是和人命、鲜血脱离不了干系。

· 外来的和尚会念经

造古坟不光是个力气活，更是一门技术活。以当时日本的生产力来看，搞这样的大规模建筑，劳动力倒是没问题，毕竟风调雨顺了那么些年，人口丰足，三条腿的乌鸦难找，两条腿的壮丁可遍地都是，关键是技术，比如测绘、选地、工事操作等。

你在4世纪跟日本人说这些，无异于那时候你心血来潮说自己要造飞船去火星，一个当时连文字都没有的国家，你让他画工程图算面积量角度，这不是欺负人吗？

要外援。

能够造起这十几万座巨大的古坟，不光是古代日本劳动人民血汗的结晶，同时也是大批来自海外的技术人员的智慧心血。

在日语中有个词叫归化人，泛指在国外出生来日本定居的移民，法律意义上则特指加入日本国籍的外国人，在日本如果有人问你，归化了没有？就是你入日本国籍了没有的意思。

而在历史上，也有归化人这一说，它一般特指的是公元4世纪到7世纪这几百年时间里，漂洋过海来到日本成为住民的中国人和朝鲜人。

只不过"归化"二字，因为有"归顺""服从""被感化"之类的意味，而当时日本纯粹是荒蛮之地，真要说有中国人在4世纪"归化"日本，实在有些牵强，所以后来史学界对于在那几百年里从中国、朝鲜跑到日本定居的人，往往会专门给予一个新的称呼，叫"渡来人"——坐船渡海而来之人。而在今天，这个概念的时间范围又被扩大了不少，一般只要是古代跑日本来定居的外国人，都会被认作是渡来人。

渡来人对日本历史发展所做出的贡献，是难以估量的。

像水稻种植、冶金技术、房屋建造等，都是中国人的功劳。

而挖坟技术，主要靠朝鲜人——在墓地的选位，陵身的设计以及施工时候的现场指导等方面，半岛人民居功至伟。

但这些技术实际上都是中国的，传经朝鲜半岛后再到的日本，朝鲜人实际上也就是个中间商。

那年头的中国虽然强大，但日子并不太平，天下大势合久必分，秦亡汉兴，东汉混战，每一次都是弄得老百姓流离失所，有很多人在国内实在是混不下去了，只能带着妻儿出国逃难，离中原地区最近也最像样的国外地盘，就是朝鲜半岛，毕竟那地方也算是受过些许华夏文明的熏陶。

而在逃亡朝鲜的难民里，当然不可能只有农民苦力，也会存在着一些知识分子或是技术人员，于是这就起到了文化输入的作用，这些难民，为落后的朝鲜半岛带来了文明的曙光。

只不过那时候的朝鲜其实也不太平，地方不大，国家却不少，主要有三国：新罗、百济以及高句丽。大家齐聚半岛，上演小型版的三国演义，整天互攻。

就这样很多中国移民觉得朝鲜也不太适合自己，所以便又离乡背井，这回他们漂洋过海，来到了日本。

而同样的，朝鲜本国那些宁做太平狗不当乱世人的家伙们，也是这么坐船去日本的。

这些人给日本带去了很多无形资产，比如更加先进的冶金技术，比如陶器的制造技术，再比如纺织技术，当然，还有最重要的东西——汉字。

没人否认日语中所用的汉字绝大多数都是从中国直接进口来的，但在那个航海技术尚且不发达，中日两国尚且不能频繁往来的时代，很多汉字以及汉文化实际上只能由中国经朝鲜半岛转一道手输入日本。

说到这里，突然就想到了一个很有趣的事。

话说在宋代，有一个叫荀凝的中国人因躲避战乱而逃到了朝鲜半岛，因为当时正值高丽显宗时代（1009—1031年），荀字的发音在朝语中同显，所以他不得不避嫌改姓为孙，叫孙凝。

他们孙家在高丽后来成了名门望族，人称安东孙氏，出过不少位高权重之人，比如一个叫孙干的，当过高丽将军；还有一个子孙叫孙处讷，在丰臣秀吉侵略朝鲜的时候，曾率民间义军和日本人作战，表现非常英勇。

只是没想到风水轮流转，当年跟日本侵略军打得难舍难分的孙家，其后人却为了讨生活而从高丽移居到了日本，并改姓安本。昭和三十三年（1957年），安本家的次子在佐贺县出生，被父亲安本宪三取名为正义。

他便是日本著名的软银（SOFT BANK）创始人，孙正义。

·日本的汉字是隔壁老王教的

当时日本的文化局限（没有文字），导致很多渡来人纵然是立下了天大的功劳，却也只能当无名英雄，比如你既无法知道把稻种带来的中国人姓甚，也查不到帮着挖古坟的朝鲜人名谁，在说起他们的时候，只能称其为引进稻种的中国人，造坟墓的朝鲜人，真正能留下姓氏名号的虽说不是没有，但真的非常罕见。

所以可以得出这样一个说法：渡来人里头，但凡能够留名的，那必然是大人物。而在这些大人物之中，最最出众的，堪称千百年间渡来人里最显眼的超级大人物的，有两个，一个叫弓月君，一个叫王仁。

这两位都是中国人，都有自己原来的汉姓，王仁肯定是姓王了，但弓月君并不姓弓，姓嬴。

先说老王。

王仁，人称王博士，乐浪郡人。

这就有点尴尬了。

因为他出生在乐浪，以至于今天韩国学界红口白牙众口一致地咬定：王仁是韩国人。

说真的，做人不能这样。

乐浪郡自大汉以来便是中华政权下的固有领土，魏晋时代亦不曾有过变动，几百年间无论风雨，这块土地都跟半岛上的任何一个政权没有半毛钱的干系。

一直到公元313年，崛起的高句丽国趁着西晋八王之乱后的风雨飘摇，将乐浪和带方两郡先后攻占，从此时起，这些地方才算是归了半岛政权所管。

乐浪、带方被占之后，当地百姓也基本都选择了就地归顺，从此成为高句丽子民，但还是有一小部分人选择去了南面的百济，这些人里头，就有王仁。

当年百济跟倭国的关系很好，来往也很密切，来造古坟的半岛技师差不多全是百济出身。

然后在某一年秋天，百济国王遣使一名，名叫阿直岐，带着宝马两匹来到倭国，上贡给倭王。

上贡两字不是我说的，是《日本书纪》上的原文。

当时倭国的国王叫誉田别尊，也就是被后世称为应神天皇的那个。

这里有两个事儿必须要先交代明白：首先，天皇是公元七八世纪前后才出现的称号，在此之前倭国的国王一般都称大王，只不过后来的日本人为了体现出一种天皇家族万世一系的光辉，所以才把一些有的没的大王都冠以天皇的名号。

顺道一提，著名女王卑弥呼在日本历史上第一部正史，堪称是东洋史记的《日本书纪》里，被冠以了神功皇后的名号，当然，有后必得有王，跟卑弥呼拉郎配的，是传说中日本第十四代天皇——仲哀天皇。

然后他们还有了孩子，就是现在我们正说着的这位应神天皇。

虽说平白无故地多了一个天皇老公和一个天皇儿子确实挺不错，可问题是卑弥呼在历史上的形象是"圣女"而不是"剩女"，这么给人乱点鸳鸯谱是不是有点过分啊。

其次，日本早期的天皇虽说是有史书记载，但未必就真的存在。事实上他们中的绝大多数都只能算是神话人物，和历史人物基本沾不上边儿，即便是我们刚刚提到过的应神天皇，他的真实性也不过仅仅停留在"存在可能性相当之高"的级别，这是因为他具体何时登基何时驾崩定都何处等都是未知数，只是根据后世零散的史料考证出确实应该有这么一号人罢了。

而在他之前的各路天皇比如什么神武天皇之类，那就真的只是传说了。

话再说回应神天皇，得了宝马当然是一件好事，但问题是这马怎么养，他不懂，当时倭国上下也没一个人懂，因为都没见过——由此可见此时倭国的版图还仅限于九州关西等不产马匹的地带。

但这又是举国上下仅有的两匹马，总不能让它们饿死了吧。

就在这一筹莫展的当儿，阿直岐多了一句嘴："大王，这活儿我懂啊。"

应神天皇大喜，表示那你就留下来给本王养马吧。

于是好好的一个外交官瞬间就成了弼马温，阿直岐这辈子再也没回过百济。

从以上事件中得出两个结论：第一是不要多嘴瞎显摆；第二是百济跟倭国之间很有可能不是平等的国与国的邦交，而是小弟与大哥的关系。

不过从文明程度上来看，百济无疑要比倭国高出好几个级别，但却甘愿当小跟班，这就足见大和民族尚武斗狠的传统，还是自古以来就有的。

要说阿直岐是一个心态不错的人，虽说变成了弼马温，但还是本着一颗革命工作不分高低贵贱的红心上了岗，每天除了照顾那两匹马之外，还要负责接待络绎不绝赶来围观国宝的权贵们。

在这个过程中，阿直岐发现了一个秘密，那就是这个国家从上到下，全是文盲。

阿直岐是一个眼里有活儿就必须要干的好同志，在发现了这个国家机密后，他便利用工作之余搞起了义务扫盲，免费为来看马的王公大臣们授道解惑，讲经释典。

很快，就门徒三千了，其中最出名的有两个，一个是倭国太子爷，叫菟道稚郎子，另一个就是应神天皇本人。

某天上完课，应神天皇突然问阿直岐道："这世上，应该没有人比先生更有文化了吧？"

阿直岐多嘴的老毛病又犯了:"怎么会没有?我国一个叫王仁的博士,才华胜我十倍。"

博士就是博学多才之士的简称。

应神天皇求贤若渴,当时就叫来手下领兵大将荒田别和巫别,要他们走一趟百济,把王仁给请来。

人家跨国请文化人怎么着也得派个外交官吧,他倒好,叫打仗的去。

再说两位大将到了百济,没花什么功夫就找到了王仁,一见面做完自我介绍,就开门见山道:"先生,我家大王想请您去一趟。"

面对一副给山大王绑师爷上山派头的两位将军,王仁倒是显得特别从容:"请我去做什么?"

"请先生去讲课。"

王仁眼睛一亮:"好呀好呀,同去同去。"

老先生根本没有一丝半毫的犹豫,便跟着两位引路人坐上了渡海赴日的船。

生于中华,客居百济不过数年,后半辈子定居倭国。你要说这么一个人是韩国人,确实有些不太像话。

王仁到了倭国后,应神天皇立刻便任命他为国师,专职为自己以及贵族们讲课。而阿直岐则和两匹马在一起,从此过上了幸福的生活。

玩笑,玩笑。事实上那年头日本就这两匹马,肯定得花大价钱让大人物来照料,就好比今天突然发现两条恐龙,负责照看的单位怎么说也该是厅局级的吧。

再说那王仁给应神天皇及其手下贵胄上了几堂课后,发现有点儿不对。

比如在说《论语》中的"太伯其可谓至德也已矣,三以天下让民无德而称焉"时,学生们对太伯三让天下的大德毫无兴趣,只会问王仁:先生,我们都是太伯之后啊,你给我们讲讲祖宗的故事呗?

说到孟子中"文王百里而可以王"时,学生们也毫不在乎"霸必有大国而王不待大"这种道理,只是纷纷询问着王博士那些道听途说来的事情,像妲己到底有多漂亮,姜子牙为啥直钩钓鱼之类,说着说着又会扯到别的地方,比如大家又会互相讨论钓鱼到底应该怎么钓,是不是钩不能太直,饵也不能太咸，等等。

王仁有点郁闷。

这哪是讲课先生，分明是说书先生好吗？

王仁琢磨了很久，终于想明白了问题所在——没有文字。

因为没有文字，所以无法系统学习，你再奥妙的道理，他们也只能当个故事听。

王博士准备改变这种状况。

一次上完课，他让应神天皇留了堂，然后坦言道："听说贵国尚且没有文字，老夫愿意将中原所用汉字，引进倭国，至少让大王和诸位大臣们，能够识文断字。"

应神天皇听完，皱了皱眉头，没有出声。

有此想法的，王博士并非头一个。在此之前就已经有不少朝鲜人将汉字传入了倭国，但始终不过是七零八落的两三字，今天传进来一句话，明天又带过来一个词，即便日本人想学，却也不知道从何学起，更何况中国的文化尤其是汉字这玩意儿你也知道，那真叫一个博大精深，一个连自己本身文字都没有只能靠绳子打结画圈圈叉叉来记事儿的国家，想要仅仅通过这种极为零散的方法来掌握汉字，那根本就是不可能的，别说对方是博士，就算是圣斗士这事儿也办不成。

王仁似乎是看穿了应神天皇的心思，表示说自己并没有靠一人之力这么红口白牙传授汉字的打算，而是带了教材过来的。

不，确切地说，是带了秘籍过来的。

看着对方那副神神叨叨的模样，应神天皇将信将疑地接过并打开了那本秘籍。

然后他的脸色就变了，手也开始颤抖起来。

此乃宝物啊！

应神天皇由衷地感叹道。

说是宝物的原因有两个：首先，这是一本小册子，纸做的小册子，在那年头，日本还不曾有过纸张，即便是国王也是头一回见着；其次，这本小册子里总共有一千个汉字，都是按照一定的顺序，四个字一组地整齐排列，且有仄有韵，读起来朗朗上口，是一本难得一见的认字好教材。

应神天皇如获至宝，当即聘王博士为皇室教师，让他以此为教材，专门教授王公贵族们认汉字。

至此，日本在文化方面，也算是终于开启了一个新时代——和之前零零散散地接触那么百十来个汉字相比，现在总算是有一本比较科学靠谱的专业教材可供人们系统地学习了。

顺便一说，王仁带来的那本秘籍叫《千字文》。

《千字文》，乃我国传统文化中的瑰宝，它与《百家姓》《三字经》一起，并称为中国古代的三大启蒙教材，类似于今天的看图说话。

你现在能在新华书店里买到的《千字文》普遍认为是南北朝学者周兴嗣所编，而王仁带到日本去的，应该是三国时代魏国人的修编作品，算是前身之作。

最后需要说一下的是，为什么韩国人会认定王仁是韩国人。

其实这口锅应该由日本人自己背的。

虽然王仁在日本历史上的地位堪称居功至伟，但日本人对于他的态度却只能用不温不火来形容。

《古今和歌集》中，有收录过王仁的一首诗。

元和二年（1616年），一个叫道俊的和尚考证出位于大阪藤坂村（今大阪府枚方市）的一座古墓中，埋葬的正是王仁，为此还写了一篇文章，叫《王仁坟庙来朝记》。

一百多年后的享保十六年（1731年），京都儒学家并河诚所撰文认同道俊和尚的观点，并且还成功说服当地领主出资给王仁墓树了一块碑。

文政十年（1827年），当时的有栖川宫亲王为墓碑题字：博士王仁墓。

明治二十七年（1894年），为了表彰王仁不远万里赶来日本归化的忠心，明治天皇下旨将王仁墓翻修一新并扩大了占地面积；五年后（1899年），在纪念仁德天皇诞辰1500周年的活动中，主办方顺便还搞了个王仁祭奠。

如果说一个历史人物只有在被遗忘时才算真正的死去，那么王仁这一千多年来都是在半死不活的状态中度过的。

一直到明治四十三年（1910年），事情开始起变化了。

这一年，日本罢黜了早已是傀儡的李朝末代皇帝，正式吞并了朝鲜半岛，史称日韩合并。

此时已是20世纪，做这种国际影响极为恶劣的勾当，得讲究一个名正言顺，于是日本国内的学者想出了一个新名词，叫内鲜一体，即日本内地和朝鲜半岛自古以来就是浑然一体的自家人，自家人能叫吞并么？那得叫回归。

为了证明论点的正确性，日本方面拿出了不少论据佐证，其中就有王仁。

生在半岛境内，有归化日本之举，还有传来汉字之功，虽然我相信王仁要活过来肯定不愿意这么做，但客观讲，他确实是一块宣传内鲜一体的好材料。

昭和二年（1927年），日本成立了王仁神社奉赞会，开始筹备建设王仁神社。

昭和十三年（1938年），一个叫王仁博士彰显会的组织在上野公园竖起了一块王仁纪念碑。

昭和十五年（1940年），王仁神社在大阪正式破土动工，但因战争原因而被迫中止。

对于日本做的这些，朝鲜半岛方面的反应只有两个字：漠然。

首先，你丫是假借王仁的名义宣传内鲜一体，为自己在朝鲜半岛的殖民统治冠以合法的色彩，朝鲜人民要是积极响应那不成二百五了；其次，朝鲜人真的不知道王仁是谁，从来都不知道。因为关于王仁，朝鲜半岛的任何一部史料都不曾有过记载。

所以等于就是日本干了回剃头担子一头热的勾当。

本来这事儿也就是日本为了忽悠朝鲜人而折腾出来的，按理随着二战结束韩国重归独立也就该结束了，可谁也没想到没过多少年又起了波澜。

昭和四十五年（1970年），一个叫金昌洙的人跑到日本，收集了一堆关于王仁的资料，然后回国成立了一个王仁研究所，考证出王仁的出生地点应该是位于当年百济境内的灵岩郡（今韩国全罗道内），并且认为他们老王家世世代代都是百济人，属根正苗红的韩国同胞。

之后又在昭和五十年（1975年）出版了一本名为《王仁——植根于日本

的韩国文化》的书。

从此，关于王仁是韩国人的观点，在韩国开始大肆宣传了起来。

对此我不发表任何意见，只说两点：第一，金昌洙不是研究历史的，一直到1968年他都还只是一个农业运动家；第二，关于王仁一族是百济人这点，参考的是灵岩郡一个巫女的证言。

真是……

总之中日韩三国对于王仁这个人的态度，大致如下：

中国认为，王博士去了日本，教了汉字，这多好啊，干吗还要去深究人家到底是哪儿人呢？不管哪儿的他教的不都是汉字吗？要以和为贵，闷声发财。

日本觉得，虽然王仁最终老死在日本，而且也只有日本的史料对他有浓墨记载，但这人真的不是日本人，是渡来人，具体哪儿的，你们随意。

而韩国的态度则是，虽然我们从来都没有任何史料对王仁有过记载，并且我们韩国现在也早就不用汉字了，但是，王仁就是韩国人，他们全家都是韩国人。

呵呵。

·数千年后他们可能都是韩国人，但现在，都是倭国的

一个国家有了文字当然是好事，这意味着文明程度向前迈了一大步。

但应神天皇却并不满足，他要在学术革命之后掀起一场产业革命，搞个大新闻。

这个活儿王仁显然干不了，得另寻人手。

大概在公元360年左右，百济王派使节团来到倭国搞例行外交，就是送点贡品啥的。应神天皇也照例笑纳了之后接见了使节团的团长，聊聊人生，谈谈天下。

只是这个团长不太会聊天："大王，听说我百济曾经有个叫阿直岐的使者，自从出访贵国后就再也没有回去，是这样吗？"

于是应神天皇有点不愉快了，你这同志怎么这样，哪壶不开提哪壶。但

表面上还是很镇定的："阿直岐大人是自愿归化我国，您可千万别听信外界的谣传哪。"

团长忙摆手，说我不是来问你要人的，我就是想问问，您这儿还缺人么？

应神天皇一愣，颇有些心动，但又怕对方是百济派来的"倒钩"，连忙很矜持地摇头："弓月君啊，您可是百济国重臣，我国怎敢轻易夺人之美？"

团长是弓月君，这个名字我们前面提到过的。

弓月君姓嬴，你也知道的。

这个姓在中国比较少见，确切地讲是只此一家——秦始皇嬴政他们那一族。

事实上弓月君正是秦朝的皇家后裔。

话说那一年正值天下大乱，先有陈胜吴广，后有项羽刘邦，中国历史上第一个统一皇朝秦朝就这么被一帮不读书的泥腿子给干掉了，但嬴家的人却所幸没有被杀绝，当然皇帝是肯定不能继续做了，为了保命，大家纷纷改名换姓地逃出了首都咸阳。

其中有一拨人为表不忘帝国大业，改姓为秦，然后一路逃到朝鲜，安居了下来，这便是弓月君的先人。

定居朝鲜之后，秦家代代都受到了当时半岛统治者的重用，到了弓月君那代，他被自己所在的百济国国王封为融通王，并派遣为使，出访倭国。

结果是刚一出国就叛国了。

弓月君是正经的中华皇族之后，又是在百济被封过王爵的重臣，用日本话来讲，这是应神天皇恨不得从喉咙里伸出手来[①]都想抓住的人才。在确定对方是真心实意要渡来归化后，天皇也很迫不及待地表示，那先生就在这儿住下吧，我这就给你张罗住处。

然而更大的惊喜还在后面。

弓月君表示先不急，这次您先让我回国，下一回我再来，因为我不是一个人。

[①]源于日语"喉から手が出る"，直译过来就是"从喉咙里伸出手来"的意思，实际上表达的是对某种事物的欲望无法克制的意思。

这人在百济是有封地的，他准备带着自己领地的百姓组团一起偷渡过来。

应神天皇觉得这着实不错，便又顺口问了一句："你们共有多少人？"

"共有一百二十余县的百姓愿随我前来归化。"

应神天皇惊呆了。他当即让对方赶紧回去，准备停当了之后随时欢迎来倭国定居。

然而，弓月君这一去，便再也没了音讯。

倒不是他放鸽子，而是出了岔子。

就算百济是个地小人寡的蕞尔小邦，但一百二十多个县城的老百姓怎么着加起来也得上万吧，即便弓月君夸了海口，其实压根儿就带不出来那么多人，但无论如何，数千人还是有的。

也就是说几千人口集体出逃偷渡邻国，纵然百济是倭国跟班小弟，百济王也不会放任他们这么个玩法。

弓月君还没出境呢，后面军队就追过来了。于是大家就只能一路飞逃，一不留神跑错了路，逃进隔壁的新罗国境内。

新罗王说呵呵，来得正好。

就这样一群人被全数扣留在了新罗，而百济自知实力不济，不敢惹毛邻居，只得作罢。

无法脱身的弓月君只能写信给应神天皇求救，在信中，他甚至还用了苏武牧羊的典故来表明自己的心志与无奈的现状。

应神天皇很果断地做出了决定：抢。

奉旨前去动手的，是倭国大将葛城袭津彦。

葛城袭津彦是应神天皇的亲家，他的女儿磐之媛命嫁给了当时的王子大鹪鹩尊，大鹪鹩尊就是后来的仁德天皇。

值得一提的是葛城将军他爹，叫武内宿祢，其肖像曾五次荣登日元纸币。

这人就是个妖孽。

根据《日本书纪》的记载，此人生于景行天皇十四年，卒年不详，但一生中，历经景行、成务、仲哀、应神以及仁德五代天皇，属日本历史上极为罕见的五朝老臣。

他到底活了几岁？

没有人知道。

然而，景行天皇在位60年，成务天皇在位也是60年，仲哀天皇在位9年，应神天皇在位41年，仁德天皇在位87年。

《日本书纪》记载，一直到仁德天皇五十年，武内宿祢还和天皇一起观赏大雁下蛋，和诗作赋。

就算是作完这首诗当场撒手人寰含笑九泉，那他的寿命也至少有200多岁。

结论就是日本人关于上古历史的记载忒不靠谱，让人不能不信却也不能全信。

再说那葛城袭津彦，率精兵数万渡海雄赳赳气昂昂地跨过了对马海峡，直插新罗境内。

新罗王吓坏了，他知道真论动武，自己也就能欺负欺负百济，肯定是抗不过倭国的。但他又不想把弓月君让出去，于是想了一个很低俗的办法，那就是派出美女两人前去色诱葛城袭津彦，吹枕边风说，将军您打错人了，弓月君他们是加罗国扣下的，要打，也得打他们啊。

加罗位于今天韩国的庆尚道内，其前身是著名的狗邪韩国。虽说一度也曾拥有过独霸半岛南端的辉煌成绩，但到底还是在数百年"谁主沉浮"中被半岛三大国给打压得不成人形，虽尚且还能苟活，但也只是苟活而已。

结果屋漏偏逢连夜雨，弱也就罢了，还得背黑锅。

当倭国大军兵临城下时，加罗王的内心是崩溃的。

他连弓月君是谁都不知道，更不知道人家为什么来打自己，望着城外黑压压的倭军，不由得扪心自问道：我招谁惹谁了？！

打是肯定打不过了，白白投降又太冤屈。因此加罗王选择了讲道理——他派使者飞奔倭国，询问应神天皇：你们为什么要打我？

应神天皇也很奇怪：是啊，我们为什么要打你？

不对啊，我们啥时候打你了？

一来一去，应神天皇明白了事情的由来，不禁勃然大怒，当即派出木菟宿弥出征半岛，先问责葛城袭津彦，再拿下新罗国。

木菟宿弥是老寿星武内宿祢在100多岁时生下的儿子，也是一个活了一两百岁的妖孽。

这下新罗王终于没辙了，只能把弓月君和那一百二十县的百姓给放去了倭国。

·秦氏的产业革命

弓月君和他的追随者们终于踏上了倭国的国土。这些人被应神天皇奉为上宾，除了给编制和奖赏之外，朝廷还赐予了他们大片的土地——这也就是为什么会有那么多渡来人往日本跑，不光是因为列岛孤悬海外相对太平稳定，更因为当时的倭国朝廷对于那些有用之才一掷千金的物质奖励。

本来应神天皇还想再赏个姓的，但弓月君表示，自己虽然人在异乡也愿意入乡随俗，但毕竟是大秦子孙，所以多少还是让自己留一点祖宗的痕迹吧。

于是，应神天皇便准了他沿用旧姓，姓秦。

这就是日本秦氏的由来。

现在日本都还有人姓秦，比如历史学家秦郁彦。

这人有一句名言，是关于东条英机的，说他就算不上远东国际法庭，若按照日本国内的法律来审判的话，一样逃脱不了上绞架的可能。

在漫长的历史中，秦氏作为日本的名门望族，也产生了无数分家，在那些分家里，同样也是名人辈出，比如战国时代四国地区的诸侯人称姬若子的长宗我部元亲；再比如盘踞萨摩打遍亚洲都罕逢敌手，人送外号鬼石曼子的岛津义弘，等等。

除了贡献了那么多著名的子子孙孙外，弓月君和他的移民们还为日本带来了一场彻底的产业革命。

移民里，有人会养蚕，有人会纺丝，这些人统统都被应神天皇封为重臣，先给一块领地几个生口，让他们养蚕制丝，等有所成效之后，再赐一个日本式的姓，而且这姓很有讲究，不是随便阿狗阿猫地乱叫，比方纺丝的那位，天皇赐他姓波多，这是因为生平第一次穿上丝绸衣服的天皇觉得丝绸这玩意儿披在身上非常舒服，其柔软度仿佛贴身的肌肤一般，而在日语中，"肌"的发音和波多一样，故而给了此姓。

这算是开了一个先河，日后天皇再赏人姓氏的时候，多会从那人的工作出发，你干什么就让你姓什么，比如服部家，他们祖上是给天皇造衣服的；再比如犬养家，他们祖宗多半就是为皇上养狗的。

插一句嘴，天皇家为什么要养狗？不光是为了看门，更是为了吃肉。

其实日本人是有吃狗肉的传统的，这种习俗屡禁不止，一直到贞享二年（1685年）才彻底根绝，主要是因为当时的江户幕府将军德川纲吉颁布了一道坑爹之至的《生类怜悯令》，敢杀狗的一律砍脑袋，这才没人敢打狗肉火锅的主意了。

这是后话，以后再讲。

不光纺织户，其他的那些打铁的、造锅的、烧陶的渡来人们，也纷纷得到了同样的恩赏。

日本人里确实是有姓陶的。

正所谓士为知己者死，这些人得到了在自己国家一辈子都不可能得到的厚遇之后，便发奋卖命，不仅自己努力干活报效天皇，同时还主动将平生的本事传授给日本人，起到了"一帮一，一片红"的良好作用，使得全日本的生产技术水平一下子就比原先提高了好几个等级。

更有甚者，还主动向天皇上奏，说自己小舅子家的二婶的大姨妈的老公也是个技术人员，现在正在百济住着，日子过得不咋地，天皇您看小的是不是能写一封信给他，让他也来为咱大倭做做贡献？

对于这种要求，应神天皇一概来者不拒，并且还表示，只要是有本事的人，偷渡到倭国，有一个算一个，都能重用，而组织偷渡的蛇头，也有重赏。

这种大力鼓舞挖墙脚的圣旨一下，直接就在朝鲜半岛掀起了一股移民潮，尤其是百济，因为一直跟倭国都走得比较近，国民中有海外关系的也比较多，一听说只要会点技术活儿就能上倭国去吃香喝辣，于是便呼啦啦地接连走了一群又一群。

除了先进的生产技术之外，还有很多无形资产被渡来人带进了日本，比如礼节，再比如节日。

像七月七日过的七夕节，这东西其实一开始是被弓月君给引入的，但并没有特别受重视，一直到唐朝那会儿，因为两国往来越加频繁，外加那时候的日本也已经基本解决了温饱问题，贵族们开始大力追求精神文明，这才把七夕在岛上发扬光大。

有人说过，所谓的日本文化其实就是日本人将全世界的文化吸收进来，然后再加以日本式消化之后所诞生的特色产物。

此话说得一点儿都没错。其实你只要看看日语就会明白，在日语中，有来自中国的汉字，有日本自己根据汉字创造的假名，同时也有英语、德语以及葡萄牙语等从西洋文字中引用而来的外来语。可以毫不夸张地说，你在日语中，能够找到世界上差不多所有主要国家语言的影子。

而这种在文化方面几乎毫无排他排外的心态，这种可以坦然将任何一种文化接纳为自己文化的精神和器量，正是从渡来人时代开始的。

·神君来了

应神天皇在王位上坐了几十年后，驾崩了。

《日本书纪》上说他活了100多岁，当了60年的大王，你一定要信，我也没办法。

这位天皇的主要功绩是将倭国从一个原始国度打造成了文明程度一跃超过朝鲜半岛的强国，同时还建立了一个以倭国为中心，新罗、百济、加罗等半岛小国为跟班的国际体系，依仗着小弟不断为自己提供各种从其他国家搞来的先进技术和移民。

当然，这种小圈子体系并无稳定可言，毕竟朝鲜半岛诸国向来是中华政权的正式藩属国。

倭国当然想建立一个有利于自己的新体系，但显然时机未到。

应神天皇的继承者是王子大鹪鹩尊，后来被称为仁德天皇。

此人乃是日本历史长河中的一朵奇葩，几乎没人不爱他。

这主要得归功于那本万能的《日本书纪》。在该书中，仁德天皇几乎被描绘成了一个集天下所有明君优点于一身的伟大君王，堪称日本早期历史中的红太阳，看完《日本书纪》里关于仁德天皇的那些事儿之后，我感觉这世界上已经没有谁能够与其同日而语了。

而在仁德天皇即位之前，便发生了一件轰轰烈烈的大事。

且说应神天皇有好几个儿子，其中被立为太子的，并非大鹪鹩尊，而是王子菟道稚郎子，就是王仁的徒弟。只是这位菟道稚郎子殿下觉得自己并没有继承大统的能耐和觉悟，所以便一心要把王位让给弟弟大鹪鹩尊。

但大鹪鹩尊不肯，他坚持认为王位就是哥哥的，自己永远是辅佐王兄的臣弟，所以坚决不能接受，于是兄弟俩便开始互相谦让了起来——这些情节我估计要么是从中国历史里头给山寨来的，至于是哪段我不知道，或许是伯夷叔齐，或许是其他兄弟谦让的故事，比如孔融让梨什么的；要么就是王仁在教这些经典的时候教学质量太高，以至于学生入戏太深不能自拔。

从结局来看，或许后者可能性偏大——话说在数度让位都无果的情况下，菟道稚郎子为了国家能有一个更好的储君，更美的明天，毅然决然地操起了一把刀，从自己的脖子上抹了过去。

他自杀了。

这样一来，继承人便只能是大鹪鹩尊了。

说句实话，在看这个故事的时候，我确实猜中了过程，但我真的没有猜到结局。

就这样，大鹪鹩尊含着眼泪坐上了宝座成为了仁德天皇，他发誓要当一个明君，好让哥哥含笑九泉。

他是这么说的，也是这么做的。

在成为一国之君后，仁德天皇并没有搬进早就为他准备好的豪华宫殿里，而是在今天大阪府地区的周边让人造了一间小屋，而且还是茅草屋，然后住了进去。

而且，仁德天皇的穿戴打扮，也跟一般农民无异。

虽说自己勤俭，但天皇对老百姓却非常大方。

据传有一天，仁德吃过午饭微服私访，发现大白天田间一个人也没有，于是便问随从，说农民们都去哪儿了？

随从回报，说现在正好是饭点，大伙都在家里做饭吃饭呢。

仁德天皇看了看四周，琢磨了一会儿，表示不对。

"为何没有炊烟？"

做饭生火必然有烟，但此时的田间却是一望无际的高可见度，这让天皇起了疑心。

最后经过调查，天皇才明白，原来当地的农民因为家里穷，普遍每天都只能吃一顿饭（当时日本人一般没有吃晚饭的习惯），所以每到午餐时刻，大家都只能以休代饭，在家干躺着睡一会儿，以避免体力流失。

天皇知道后非常痛心，觉得自己没能当好领导人，弄得子民连午饭都吃不上。于是当下便下发了一道圣旨，免去了这个地方农民的三年赋税。

除了爱民为民之外，仁德天皇搞经济建设也是一把好手。

在以秦家人为首的渡来人集团的辅佐下，仁德天皇开始对全日本，尤其是自己的执政中心大阪地区周边进行了规模浩大的基建工程。

首先被造起来的是一座大堤，名字叫作茨田堤，作用是杜绝了淀川的年年大水，同时也使得周围的大片肥沃土地能被有效利用。

接着，在秦家人的帮助下，仁德天皇又在大阪猪甘津上，架起了日本历史上的第一座桥。

然后他还把大阪周围的交通干道整修一新，以便让物流更加通畅。

三年后，仁德天皇登高望远，发现三年前自己宣布免税的那块地方，现如今已经到处都升起了袅袅的炊烟。

他高兴地笑了。

综上故事所述，仁德天皇在死后得到了一个在那几百年来没有一个天皇能得到的高端谥号——仁德。

但事实却绝非如此，或许仁德天皇的政绩是确有其事，他真的造过大堤也真的造过桥修过路，可你要真跟我说他是个有仁有义、忧国爱民的住茅草屋的仁君，那就有点扯淡了。

还记得我们之前说的大仙皇陵么？就是仁德天皇的陵寝。

用脑子稍微想想，一个愿意住在茅草房里且看到农民吃不上午饭就立马宣布免税的仁君，可能会动用大批民力，花上十几年时间给自己造一座坟么？

千万别跟我说大仙皇陵是在天皇死后由人民群众自发起来给他修建的，用膝盖琢磨一下就明白了，这皇陵铁定不会是在天皇死了之后才开始造的，不然造上十几年那尸体早就烂得没法要了。那玩意儿它肯定得是在天皇活着的时候，由他选个地方，再由他着人监工、施工，最后尽可能地赶在他死之前完工，等他驾崩了，风风光光地抬进去，到阴间继续当他的九五之尊。

其实这也实属正常，中国的皇帝几乎都是这么干的。

所以我觉得实在没必要为了掩盖什么而去刻意彰显仁德天皇那份未必存在的仁和德，他不过是一个公元4世纪尚且还非常落后的岛国的国王，他的所作所为必然会有他的时代局限性，我们当然不必去指责什么，却也实在没有必要去故意吹捧什么。

第六章　倭五王

· 哭晕，你来那么多次就是为了敲诈

继台与之后，中日两国官方外交的再开始，是在公元413年。

话说这一年春夏交接的时候，一行来自倭国的使者，抵达了中国首都建康。

当时的中国已经是东晋时代，定都建康，即今天的南京。时任在位皇帝是晋安帝司马德宗。

这个司马德宗据说是个弱智，连一年有春夏秋冬四个季节都整不明白，堪比当年西晋朝的那位"何不食肉糜"的惠帝司马衷，所以当时东晋的政治大权基本都落在王公重臣们的手里，朝外的许多将军也多拥兵自重，这其中就包含了后来取代东晋自立九五的南朝刘宋的开国皇帝刘裕。

此次遣使而来的倭国国王一般被认为是日本的第十七代履中天皇，名讳大兄去来穗别尊。而中国人也给他起了一个相当不错的名字，叫讚，史称倭王讚。

倭王讚的父亲就是那个千年一遇的大完人仁德天皇。

不过仁德天皇虽说为后世留下了一段和哥哥菟道稚郎子互推王位的佳话，但他的儿子们在这方面就做得很不怎么样了。

仁德天皇有四个儿子，倭王讚虽说排行老大，但却并非太子，太子是老二住吉仲皇子。结果三兄弟都和老二关系不和，在仁德天皇驾崩后没几天，便共同发难，买通了住吉仲皇子的侍卫刺领巾，在皇子上厕所的时候，以长矛刺杀其于粪坑边上。

之后，众权贵推举出大兄去来穗别尊为王，即倭王讚。

倭王讚和东晋的这一次外交非常简单利索：使者来，磕个头，上贡品，走人。

简直比去庙里拜佛都爽快，连许愿都不用。

八年后（421年），倭王讚再度遣使来到建康，献上了贡品。

此时东晋已经没了，取而代之的是刘宋——刘裕终于从一介草民坐上了龙椅当了皇帝。

但倭国人对这一切并无兴趣，和八年前一样，他们报过名号，献上贡品，然后转头就走。

但被刘裕给叫住了。

刘裕说你们到底想干吗？

倭使眨巴眨巴眼睛看着他说，我们是来朝贡的。

刘裕说你们那么远过来一趟也不容易，如此无欲无求更是难得，可朕要不回馈你们一点什么，岂不成了光进不出的无礼小人，跟那白痴司马德宗一个德行了？说吧，想要啥。

倭使摇摇头：我家大王并没有让我向您要点啥啊。

刘裕说那要不你留下来吃个饭再走吧。

这一天，在场的宋国君臣都很感动。

因为天朝历来都见惯了周边的那些小国每年拿着一堆喂狗狗都不会抬眼看一下的破烂贡品跑中国来打算换取高额回赏，常年以往这几乎成为了那群蛮夷们的生财之道。现如今冷不防来了一群只送东西不求回报的大好人，简直是闷热酷暑里的一股凉风，让人清新顿生，好感倍增。

元嘉二年（425年），倭王讚再度派遣使者，向刘宋献上了贡品。

此时武帝刘裕已经不在人世，在位的是他儿子，宋文帝刘义隆。

和前几次一样，倭国使者依然是放下东西便走，最多跟皇帝寒暄几句套套近乎，除此之外再也没有其他动作，压根儿不提回赏或是求封之类的事情。

第六章 倭五王

元嘉七年（430年），倭王讚的使者又一次来到了建康。

对此中国人已经没什么好多说的了，因为都习惯了，大伙如例行公事一般接待了来使，收下了礼物，寒暄过后留他们吃了一顿国宴，然后客客气气地目送他们出了宫门。

虽说谁也不知道倭国人到底在打什么小九九，但至少有一点能够得以确认，那就是日本的各类技术尤其是航海技术，在经过一百多年后，又实现了一次飞一般的跨越，不然他们实在没可能渡海来朝得如此频繁。

元嘉十五年（438年），倭国使者又来了。

但和上几次明显不同的是，这次的倭国使者穿戴非常朴素，一身白麻，脸上也充满着悲怆之色，仿佛家里死了人。

一问，还真是——倭王讚去世了。

此时的倭国大王，已经成了讚的弟弟，珍，也就是日本历史上被称为反正天皇的那个。

反正天皇是仁德天皇的三子，据说是个身高超过2米的魁梧之人，当年就是他买通了住吉仲皇子的侍卫将哥哥扎死在茅厕，也因为这个功劳，被另一个哥哥履中天皇册立为皇太弟。

看着一身白丧的使者，刘义隆连忙宽慰，说人吃五谷终有一死，你们也节哀吧，别太伤心了，要不这样，讚大王生前多次遣使朝贡，我们也没回送给他什么，现在既然斯人已去，干脆就来个追封，由我们天朝大国赐他爵位谥号，你看如何？

倭国使者听完，悲伤地摇了摇头，说了两句话。

第一句是大家都非常熟悉，已经说了快好几十年了的老话：不用了，谢谢。

第二句则是新创：陛下，您真要封赏，就封赏给我们现在的大王吧。

其实这也没什么问题，毕竟追封不如现赏，做人嘛，实在一点的好。

所以刘义隆很大方地表示那也行，就封倭王珍吧，封他当个倭国国王如何？

倭国使者又摇了摇头，从怀里摸出了一块写得密密麻麻的木片，照着上面读出了让当时所有在场的人都为之虎躯一震的第三句话："请求天子陛下封我家大王为倭国王、征东大将军、都督倭，百济、新罗、任那、秦韩以及慕韩六国军事。"

以上这句话，提到了六个地名，除了倭之外，其余五个都位于朝鲜半岛，而这五个地方拼起来，则是整个朝鲜半岛的南部，大致等于今天的韩国地区。

换句话讲，倭王珍（反正天皇）这次提出的封赏要求是：除了封自己为倭国王之外，还希望刘宋方面给予自己管辖南部朝鲜半岛所有小国的权力。

刘义隆有些不相信自己的耳朵：这还是当年那个放下礼物便走留名都不怎么愿意的倭国吗？

看似一反常态，其实蓄谋已久。

日本人在下一盘很大的棋。

· 生田神社

在说这盘大棋之前，我们先来说一个地方，叫神户。

比起东京、大阪、京都、北海道等旅游热门地区，中国人对于神户的印象似乎相当不深，即便是听过地名，那多半也是因为1995年那场有名的阪神大地震或是总部设立在滩区的亚洲第一大黑社会山口组。

其实神户这地方和中国还是很有缘的。位于中央区的南京町，是日本年代最悠久的华人居留地之一，论历史远超著名的横滨中华街——事实上横滨中华街在1955年之前，正式名字还都是仿照神户叫南京町的。

神户这个地方的得名，也确实与神有关。且说当地有一占地广规模大级别高的神社，其周围的人家都从事着为神社酿酒、为神社种地以及为神社打扫卫生等相关工作，因此这些人家都被叫作"神户"。

由于该神社真的非常"高端、大气、上档次"，以至于神户众多，久而久之，整个这一大圈土地都被叫作神户了。

这个神社，叫生田神社。

生田神社，是日本最古老的神社之一。根据神社官网以及贴在大门口的简介等官方说法，这座神社建于1800年前，乃是神功皇后征讨三韩从神户港走海路出航之前，为祈祷"风调雨顺不沉船，势如破竹打胜仗"而造。

应该讲，这个说法是有问题的。

首先，我们知道，神功皇后实际上并不存在——如果一定要说她存在，那么相对应的人物应该是卑弥呼。而卑弥呼有没有征讨过三韩（朝鲜半岛）呢？应该是没有过，不然发生那么大的事情，魏国就算不过问干涉至少也会在史书上记一笔吧。

其次，1800年前倭国的政治文化经济军事的中心是九州北部，打朝鲜犯不着从神户坐船，直接走对马海峡，简直是几分钟就能登陆。

然而，尽管神功皇后不可能打过朝鲜，但我们却也不能就此认定生田神社的历史是自己随便编的。事实上，三韩征讨倒是确有其事，只不过并非是在卑弥呼时代罢了。

根据朝鲜历史记载，公元356年，奈勿尼师今即位，成为新罗第十七代国王。

362年，倭国大军渡海杀到，理由是奈勿尼师今当了大王却没有通知自己也没有朝贡，所以该打。新罗并没有抵抗多久，便宣布投降，并答应从今往后每年进贡。

365年，倭国再次以新罗怠慢朝贡为由，出兵攻打，四处掠夺人口物资后离去。

391年，倭国又一次渡海而来，不过这次不再只针对新罗一家了，而是接连攻打了百济、任那和新罗三国。三个国家全都表示愿意臣服。

事情进行到这一步，由于倭国实在气焰嚣张，忍无可忍，因此朝鲜半岛上几乎所有的国家都联合了起来，组成一个抗日联盟，牵头的是高句丽的一代明君好太王。

然而这并没有什么用。倭国仍是想打就打，从不手软。

于是百济率先熬不住了，于398年背叛了大家，单独与倭国和谈。盟主高句丽顿感此事不能容忍，发兵数万攻向百济首都平壤。倭国得报后，二话不说玩了一手围魏救赵，直取新罗，高句丽为救小弟，不得不掉头迎击，双方于第二年（399年）在新罗首都相遇，因高句丽人多势众，倭军不得已退却，但在跑路途中，还顺手欺负了一把任那和伽罗。

公元404年，倭军再度进犯，并在今天黄海道处击败了高句丽大军。

从以上种种史料我们可以看出，从公元4世纪中叶开始，日本便频繁对朝鲜半岛用兵，而且基本上以胜利居多。

此时倭国的政治军事中心早已从九州北部移到了近畿的阪神地区，每次用兵，都是从神户港出发，经濑户内海抵达北九州，再越过对马海峡登陆朝鲜半岛。

而生田神社应该就是在这个时候造起来的。

至于用兵朝鲜的目的，首先当然是要掠夺。之前我们就已经说过很多次了，尽管武力上打不过倭国，但从文明层次来看，朝鲜半岛要比日本高出好几个档次，倭国如果想要快速发展，那么直接去半岛掠夺技术人口以及先进的生产工具显然是一条捷径。

其次，5世纪的中国正值南北朝分裂状态，自己内部都打不过来，自是无暇顾及海外邦交，日本正是想通过这个机会，建立一个有利于自己的全新外交体系。

·师兄怎么又是你？

元嘉二十年（443年），日本人又来了。

此次前来建康，第一件事是报丧，倭王珍病逝，王弟济继位，日本历史上称之为允恭天皇。

允恭天皇是仁德天皇最小的儿子。

每次想到这里，我都会深深地同情住吉仲皇子，一家兄弟四人，三个都当大王了，唯独他被人一枪扎死在厕所，太可怜了。

说起来这个倭王济也算是一代明君，干过很多具有里程碑意义的事情。

他是第一个将中医引进日本的人。据说有一年哥们儿重病，针石无效，情急之下便派人跑去新罗，"请"了一个老中医回来，三下五下的还真给治好了。而那位神医自然也不肯再放回去了，便将他留在倭国，整日里好吃好喝地供着，让其专门给皇家治病，顺便再培养培养人才。

此外，倭王济在当政期间，还修建了一座规模壮观的宫殿，本来这也不是什么稀罕事儿，只不过这宫殿的位置比较特别，在选址的时候，天皇摒弃了他哥他爹他爷爷等数代人的传统，不再把家安在大阪，而是去了奈良，具体说来就是今天的奈良县高市郡明日香村，古时候的名字叫大和国飞鸟地区。

这地方在后来的两三百年里一直都是日本的政治中心，而日本历史上起始于公元593年被称作"飞鸟"的时代，其原因也正是在此。

除了各种里程碑事件之外，倭王济还做过一件在日本古代史上比较有震撼效果的事情。

话说在他刚刚继位没几年的时候，因为那会儿他哥反正天皇，也就是倭王珍的陵寝还没造完，所以遗体暂且还不能入土，得着专人妥善看管做一些防腐工作。而负责此项任务的家伙叫玉田宿弥，乃是倭国重臣，他爹（一说爷爷）之前登过场，就是葛城袭津彦。

不过玉田宿弥这小子命不好，刚刚接手了这个重大任务之后就赶上了一场地震，因为那年头日本国内的科学认知水平极度低下，一看到那地动山摇的就以为世界末日来临，吓得那玉田宿弥二话不说当场抱头鼠窜，找了一个安全的地方当起了鸵鸟。

于是这便犯下了大罪。

身为负责照看先王遗体的臣子，出了大事你第一个想到的应该是那具尸体而不是光顾着自己逃命，现在既然你逃了，不管遗体有没有受损，都是一种罪过。

所以倭王济派出大臣尾张连吾袭前去问责，可不承想那玉田宿弥心知自己罪大恶极，干脆一不做二不休，准备了一桌酒席宴请尾张连，背地里却在那席间安排了刀斧手，酒过三巡之后掷杯为号，剁得那哥们儿当下就成了一摊肉泥。

照常例，犯下这种违圣名杀钦差的勾当肯定难逃一死，但关键在于这家伙是玉田宿弥。

他爹是葛城袭津彦，他姐是磐之媛命，即倭王济的亲娘。

也就是说，这次的罪犯是大王的亲舅舅。

再加上这厮还是将门虎子，手腕虽不如其父却也是好生了得。

故而在收到风声之后，群臣普遍一片惶恐，有人还主动站出来劝谏大王，说玉田宿弥这小子势力太大，真要处理他搞不好就被反攻倒算了，所以干脆就闷声装一次傻，由着他去吧，反正尾张连吾袭也不是什么举足轻重的大人物，死就死了吧，维护国内的稳定团结才是真正的重中之重。

但倭王济却全然不理会这些人，大手一挥然后迸出来四个字：把他干掉。

考虑到那年头日本人说的古日语其实就是古吴语，所以这句话很有可能就是那非常著名的四个字：乃伊组特（上海话：把他做掉）。

当然，不能强"做"，要有技巧地"做"。

数日后，倭王济宣玉田宿弥觐见。

在宣召之前，他还让人特地补了一句，说是请客吃饭，只要玉田宿弥愿意诚恳前往，那么对于之前地震时看守不力和杀钦差的事，可以既往不咎。

也不知道玉田宿弥那天到底是吃了什么吃坏了脑子，居然真会相信这种只要搓一顿就能免去弥天大罪的谎言，真的去了。

到达宴会现场之后，都还没坐下拿筷子，倭王济便一声令下，底下刀斧手四出，将玉田宿弥扎了个五花大绑。

接着，倭王济宣布罪名，并当场下令拖出去砍了。

与此同时，借着这次机会，倭王济还玩了一次大规模的肃清，把一些平日里就看着不爽的、脑后或许有反骨的刺儿头们给或杀或罢地通通清理出了朝堂。

总体来说，这是一个非常开明且时常会打破陈旧规矩的统治者，同时他的行事手段也是前所未有的犀利风行。

这样的一个对手，现在站在了刘义隆的跟前。

而倒霉的刘义隆却一无所知，他只知道倭王珍死了，眼前的这个使者是珍的弟弟济给派来的，除此之外一概不晓。

其实这也是中国历来和日本相斗吃亏的最大原因——我们总把对方想成是化外番邦蕞尔小国，而对方却早就把我们给摸了个里外门儿清。

当宋文帝刘义隆收下礼物之后，出乎意料的是倭国使者并没有旧事重提，而是希望皇帝陛下能够把已故先王的封号转封给现任倭王济。

这是一个非常合情合理的事情，所以刘义隆并未吝啬，下旨加封倭王济为安东将军，倭国王。

倭国使者谢恩而去。

刘义隆隐约感到这帮人可能还会再来。

他猜对了。

元嘉二十八年（451年），久违了八年的倭国使节团再次出现在了建康。

在送完贡品打完招呼之后，他们提出了自己的要求：希望刘宋方面赏自家倭王济一个职务，一个能够都督倭、伽罗、新罗、任那、秦韩、慕韩六国军事权的职务。

跟之前相比，这回倭国人给出的地名中，少了一个百济，多了一个伽罗。

此时百济已经是倭国头号贴心小弟了，所以大哥给了面子，让他和自己平起平坐，共当名义上的中华藩属。

伽罗就是加罗，终于也归顺了倭国。

反正倭国给出的那几个地方尽管名称跟上次有所不同，但意思和目的还是一样的：想要朝鲜半岛的统治权，以便在半岛扩张势力。

这应该算是意料之中的事情了，所以宋文帝也遵循旧例，开始糊弄，先是表示你们倭国使者千里迢迢而来，肯定是累了吧，要不要欣赏欣赏我们江南的歌舞？

日本人摇摇头，道了谢之后说，自己是来办事的，真要载歌载舞，那也得在事儿办成之后。

宋文帝又表示，你们倭国真可谓是我刘宋最好的藩国，你们这些倭国使者也可谓是两国之间友好的纽带，这次前来，就让朕给你们各自封官，以资鼓励吧？

日本人还是摇摇头，谢完皇上隆恩，又表示还是请先把正事儿办完了，再说封官许愿吧。

总之不管宋文帝如何扯开话题，倭国使者却全然不为所动，每每都能把那已经被转走或是岔开的议题重新给扭送回来，而且态度简直是死缠烂打，近乎咄咄逼人。

这下刘义隆真心郁闷了，他怎么也想不明白：为什么？为什么他一小小的倭国，居然敢如此底气十足地跟我叫板？

因为人家知道你虚。

话说在倭使来建康的前一年（450年），发生了一件大事。

那一年，北魏对刘宋用兵，发起大规模的攻势，太武皇帝拓跋焘率兵一举攻至长江，把江苏六合都给占了，这让刘宋朝廷上下极为震撼。

但震撼之余他们什么也做不了，因为当年曾经把北魏打得跟孙子似的刘宋名将檀道济已经在14年前（436年）因北魏的离间计而死在了刘义隆的手里，此时此刻，刘宋早已无可用之将，只能死守长江天险，看敌人践踏国土。

至此，刘宋，或者说整个南朝在军事方面进入了一个极大的被动境地。

而倭国使者们显然是在知道了此事的情况下，有备而来打算乘人之危的。

至于这消息是如何传到倭王济的耳朵里的，那自然是多亏了渡来人们。

当年日本的移民政策非常优惠，导致外国人的往来极为频繁，所以到后来不光有搞生产的技术人员前来定居，就连一些军事圈子里的情报人员，往往也会跑来买卖情报。

当然，主要是卖。

·不给就是不给

在得知了刘宋压力如山大之后，倭王济果断出了手。

而另一方面，建康的刘义隆却是进退两难有苦难言，答应吧，那等于是抛弃小弟朝鲜，真心很没面子；可要拒绝吧，那就很有可能造成与倭国翻脸的结果，虽然倒是不怕他们跟北魏一样直接带兵来攻，但这帮倭国人显然会对朝鲜半岛动武，到时候真把朝鲜给打下来自己又救不了，岂不更加丢人?!

况且这回倭国使者态度似乎也是一反从前，极为强硬，大有一副你不答应爷就不走了的架势，让刘义隆心中更加纠结。

前思后想了半天，他终于做出了一个痛苦的决定：着倭国王济都督倭、伽罗、新罗、任那、秦韩、慕韩六国军事权；并加封安东大将军（注意"大"字），倭国王，钦此。

此外，本次倭国使节团中，有23人被封将军号。

这无疑是日本外交史上的一次超级大胜利，也堪称是世界外交史上一次小小的奇迹。

毕竟一个连文字都还不曾有的化外夷邦能用智慧而非蛮力从一个老大帝国那里虎口夺食，这着实是相当罕见的。

而宋文帝刘义隆并不知道，他这个完全出于无奈的决定，在某种意义上，等于是打开了潘多拉的匣子，给之后一千多年里的整个东亚局势，都带来了巨大的影响。

再说那倭国使者虽说是满载而归，可倒也不曾忘恩负义，心中依然挂念着老大哥。

大明四年（460年），倭王济遣使拜会宋孝武帝刘骏——当时刘义隆已经驾崩，刘骏是他的儿子。

大明六年（462年），倭使再来，不过这次并非拜码头，而是特地前来照会刘宋朝廷，说我家大王因病医治无效去世，现在世子继位，请皇帝陛下照前例，把先王的爵位官号转给新大王。

新大王的名字叫兴，日本人称安康天皇。

这是一个近乎例行公事的合理要求，所以刘骏没有怎么磨叽就下了一道内容为封倭王兴为倭国王，加安东将军一职的诏书，同时还用相当客气的口吻鼓励了几句，诸如倭国国王虽远在海外，但却心系我刘宋，着实忠心难得云云。

宣完圣旨，便命令送客。

倭国使者还想说些什么，但刘骏已经起身离开了。

其实他心里很明白，对方想说什么，想要什么。

无非就是想让自己把先代倭王的那"都督倭、伽罗、新罗、任那、秦韩、慕韩六国军事"权让现在的这位倭王兴给一并继承了呗。

那肯定是没可能的。

当年是因为北魏人打到六合没工夫跟你扯淡才不得已而为之，现在的刘宋虽谈不上盛极一时可也是国泰民安，哪能再跟从前似的你要什么就给什么。

你们倭国纵然有一百个不满意也没辙，因为之前你们也说得明明白白，是想要先王的"爵位官号"，爵位是倭国王，官号是安东将军，这不都已经给你了吗？

当然，你若是一定要纠结那个"大"字，倒也无妨，反正，你倭国是别再想染指朝鲜半岛了。

倭国使者失望而归，之后便一直都没有来过。

这其中的理由之一多半是倭王很生气，可又不能和中国动粗，只能耍耍小孩脾气：哼！不跟你玩了！而另一个更重要的原因则是跟倭王兴本人有关。

这是一个不怎么会治国安邦的统治者，整日里游手好闲调戏良家妇女，虽然比不上商纣夏桀等传说中的极品暴君，可却也是个不太干好事的主儿。

而且倭王兴本不是王太子出身，故而即便是当了大王其地位也并不牢靠。他还有个哥哥，叫木梨轻，乃倭王济的长子，两人是同父同母的亲兄弟。

只不过这个木梨轻是个不着四六的傻孩子，在情窦初开的青春期来临之时，偏偏犯了一回贱，跟自己同父同母的亲妹妹轻大娘公主（瞧这名字给起的）搞到一块儿，两人不光同床共枕，还彼此之间互通情书，可谓既蠢笨又文艺。

但由于保密工作没做到位（或者那两人根本就没打算保密），很快就让他们的亲爹倭王济给知道了，大王当然是出奇地愤怒，连手都抖了。

虽说是"人不中二①枉少年"，可你好歹也是堂堂太子，整这么一出丢人现眼的把戏，那不是在找死吗？

就这样，木梨轻王子被气急败坏的倭王济免去了太子头衔，改由弟弟，也就是现在的倭王兴继位。

---

①中二，即"中二病"。该词源于日本，主要指青春期少年特有的不成熟、有点儿自以为是的思想和行动，"中二"即"初中二年级"的意思。后也泛指那些"成形价值观与尚未脱离幼稚的想法互相混杂"的成年人。

只是那当爹的没想到，这弟弟其实也是个下流坏子。

而且这哥们儿比他兄弟的口味更重，虽然不是妹控，可却信奉着好吃不如饺子，好看不如婶子这一千古歪理，在继承大统之后，先是设计杀害了自己的叔叔大草香王子，然后将婶婶中蒂姬强行娶回家，封为王后。

话说大草香和中蒂姬两人有个儿子，叫眉轮王，当年不过7岁，可却人小胆大。当他知道自己父亲惨死母亲被抢这一系列惨剧的真相之后，在某个夜晚，拿着宝剑偷偷摸进了堂兄的卧室，然后将剑猛地刺入其胸口。

倭王兴就这么死了。

这是日本历史上有记载以来最初的报仇事件，史称眉轮王之变。

撇开一切道德文章人情义理不谈，单说被7岁小朋友拿刀扎死这一条，也能看出这位大王实在是有点儿弱。

·雄略天皇

倭王兴死后，因为没有儿子，所以几个弟弟便理所当然地成为了王位候选人。

其中，大泊濑王子脱颖而出，在接连杀死自己的亲兄弟八钓白彦王子和坂合黑彦王子之后，当之无愧地成为了一枝独秀的王家独苗，顺理成章地当上了倭大王——倭王武，也就是雄略天皇。

一般来讲，如果N个兄弟里有N-1个都是废柴人渣的话，那么这剩下的最后一个，百分之九十九以上会是旷世奇才。

而这大泊濑王子，正是那个剩下的。

其实从三观性格上来看，他跟自己的那两哥哥没什么太大的差别，他既是个心狠手辣之人，也是个喜爱漂亮姐儿的好色之徒，只不过天才毕竟是天才，不管捅什么娄子都能摆平，或者说天才跟傻蛋的重要区别之一就是天才知道什么娄子能捅什么不能捅，怎样的事能干怎样的事不能干，而傻蛋却永远没有那个分寸。

倭王武是靠杀兄弟而上位的，这个之前说了，但在继承王位之后，为了稳固自己的地位，他依然不吝大开杀戒。

话说他们家有一个堂兄弟，叫市边押磐王子，倭王兴生前曾经开过一个玩笑，说是以后自己若是没儿子，就打算把王位让给这个堂弟。

本来也就是一句说过就算了的扯淡之言，可偏偏倭王武在继位之后就当了真，他生怕这位市边押磐王子来抢自己的王位，所以某日特地约他出去一起打猎，在森林里，倭王武弯弓搭箭，直射市边押磐王子后心，一箭命中之后，对方当场吐血倒地而亡。

如果说弄死市边押磐勉强算得上是维护王权，但接下来的事情，就只能说是残忍无道了。

话说在雄略天皇宫中，有一个叫池津媛的，据说是百济国的公主，被自己国家送到倭国用于和亲，结果不承想这姑娘甚是作死，全然不顾自己的政治使命，非但不看雄略天皇一眼，反而还跟大王身边的一个叫石川盾的青年侍卫好上了，孤男寡女干柴烈火地这么一来二去，百济公主便有了身孕。

被戴了绿帽子的雄略天皇并没有如常人般暴跳如雷摔锅子砸碗，而是面无表情地命令手下把两人带到了一间小茅草房，很平静地把事情经过问了个遍，然后又很平静地说道："看你们孤男寡女干柴烈火的，想必也是情不自禁，算了吧，孤成全你们。"

小两口很高兴，以为大王良心发现要促成一门婚事了。

结果没承想雄略天皇一挥手，下面侍卫走上前来把两人抓起，丢进了一间小木屋里面。

"孤成全你们，让你们干柴烈火！"

一声令下，火光四起。

就这样，两人被活活烧死在了房间里头。

雄略天皇干过的非人恶道之事还有很多，比方说他会相当无厘头①且无征兆地突然问身边人一些非常无聊的问题，例如天上有几颗星星，寡人有几根胡子，只要对方没答上来或是回答得让他不满意，那下场就是被当场砍死。

除了杀个把人爽爽之外，雄略天皇还会以各种乱七八糟的理由来发动

---

①无厘头，原是广东等地的一个俗语，指一个人做事、说话令人难以理解，没有明确的目的。

战争。

因为以上种种，所以在历史上，这位倭国大王还得了一个"大恶天皇"的外号。

但与此同时，他却也有着自己的另一面——文雅风流，励精图治，拓展武略。

在被誉为日本诗经的《万叶集》里，开卷第一篇便收录的是倭王武的作品。

主要内容是求爱：带着篮子正在摘菜的漂亮姑娘啊，能不能告诉我你是谁家的女子又心向何方？我是这统治大和的君王，但我只想求得你的姓名与芳心。

简单说来就是欧洲童话里常见的桥段——年轻的公爵爱上了一个打水姑娘，然后开始搭讪。

同样是追求姑娘，倭王武的手法不得不说要比那两个兄弟高多了。

而在治国方面，他也是颇有手段。却说当政期间，倭王武发现当时作为日本支柱产业的纺织业，虽说各地作坊很多，但生产力却大多相当低下，于是大王亲自深入基层搞起了调研，经过考察，他发现之所以生产力低下，全是因为那些织布的不懂养蚕，往往把蚕宝宝都养在不怎么产桑的地方，没桑，自然也就蚕少，蚕少，丝也少，丝少了，布还能多么？

所以大王当即下令，在全国范围内选出桑叶产量最高的几个地区，然后把所有的养蚕户都集中到那里，结果当年日本的丝绸产量果然出现了大幅度的上涨。

除了搞内政，打人打仗他亦是一把好手。

倭王武之所以被称之为"武"，那显然是因为他很能打。

此人据说能够单枪匹马地猎杀一头成年野猪。

有勇之余，他也有谋，但凡说到行军作战，就没有这位大王不会的。

当时的日本列岛虽然对外宣称是一个名为"倭"的统一政权，但实际上日本人心里清楚得跟明镜似的，自己那可爱的祖国自打有人住以来，就从来都不曾被真正地统一过。即便是一代女皇卑弥呼，其势力范围也仅限于九州岛，后来虽然政权转移至近畿地区，但四国、东北以及关东大部分地区，多是豪强林立各自为政，都不曾为倭王所辖。

但倭王武决定改变这一切，在他弄死了几个哥哥确保了王权无忧之后，便马不停蹄地开始发兵东征西讨。

第一个被刀枪所指之处是吉备国（今冈山县）。

说起来这事儿其实都是倭王武自己给闹出来的。

却说吉备国豪族吉备田狭有个老婆叫稚媛，长得貌若天仙堪称岛国一绝。

结果倭王看上那姑娘了，于是想了个很下流的手段，命吉备田狭去朝鲜的任那办外交，趁着他离国的当儿，派人上门强抢人妻，再霸王硬上弓。

于是吉备大人冲冠一怒为红颜，勾结新罗再回国起兵作乱。

倭王闻讯大怒，率兵征讨，吉备田狭在拼死抵抗后终因没有打仗才华加之说好的新罗援军迟迟都不曾出现而惨败。

不过倭王武总算是天良未泯，知道这回纯属自己理亏，所以没有对吉备田狭下杀手，而是放了他一条生路。

之后，打上了瘾的倭王开始了他伟大的日本统一战，继吉备国之后，播磨（兵库县内）、伊势（三重县）等国也纷纷遭到攻打，王师所到之处，豪强诸侯们无不望风而降，虽有少数负隅顽抗者，也会在最短的时间内被武力摆平。

短短数年，倭王武便让全日本都膜拜在了自己的刀枪之下，堪称是日本的秦始皇。

可以说，也就是从这时候起，整个日本列岛，才开始归他倭国朝廷管。

· 外交战

而在扫平列岛之后，意犹未尽的倭王武（雄略天皇）又将眼光投向了海外。

公元464年2月，倭国军队在朝鲜半岛击败高句丽军；次年（465年）5月，攻入新罗，虽然在一开始的时候遭遇挫败，但最终还是拿下了对方的活开城。

据说当时整个朝鲜半岛都为之而震撼，无论是军师谋臣还是武官猛将，但凡听到倭国人三字,无不丧胆变色,不能自已。

总体来说,这位倭王武应该是早期日本历史记载中最强同时也最为真实的一个国王,他既不像神武天皇那样宛若天神,也不似仁德天皇那般近乎圣人,而是有血有肉:既风花雪月也猥琐下流,既残暴凶狠却也有情有义。总之,立体感很强。

在坐稳了王位,安定了政治军事之后,倭王武便理所当然地开始考虑起了外交事宜。

当时日本的外交对象说起来其实也就两个,一个是朝鲜半岛,另一个是中国。

对于前者,日本人采取的是比较高压的政策,而且也不怎么把对方放在眼里,历来是想打就打想杀就杀的。在当时倭国眼里,朝鲜半岛虽说搞过自己的文明,可终究不过是个小弟,没啥地位。

而中国自然是不同的,毕竟是古立天朝久称上国,虽说眼下是不怎么太平,但跟倭国相比仍是"瘦死的骆驼比马大",轻易不能乱惹。

当然,不乱惹,并不代表不惹。

公元477年11月,久违了15年的倭国使者再度出现在了建康皇宫内。

此时刘宋坐龙椅的那位已经换成了宋顺帝刘准。

他是刘宋的末代皇帝。

刘准,字仲谋,长相端华,宛如画中之人,而且聪慧睿智,性格温良。

虽说是天赋出众,但却也有个致命的弱点——那一年,他才10岁。

其实刘宋的皇位本不该他坐,只是在升明元年(477年)的时候,重臣萧道成杀宋废帝刘昱之后,找了一个天资最高也最容易掌控的家伙来当皇帝,那便是刘准。

因为尚且年幼,所以国中大事全部都由萧道成说了算。

而萧道成心中在想什么,那也是司马昭之心路人皆知。

这路人,包括了倭王武。

"在任何作战计划的制定过程中,最首要的因素便是情报。"

我第一次知道这句话是在漫画《幽游白书》中看来的,系妖狐藏马的名言,但事实上,千百年来的日本人们早就把此话给贯彻到了极致。

倭王武从来都不曾忽略过任何来自于中国的情报。

他知道该怎么对付刘准和萧道成。

因为这次倭国使者讲明是来朝贡并顺便通报倭国王位交替之事，并没有讨论国际事务的打算，所以刘宋方面只安排了小皇帝亲切接见，萧道成本人则并不在场。

双方四目相对之后，倭国使者开始自我介绍。

"在下自倭国而来，奉了倭、百济、新罗、任那、伽罗、秦韩及慕韩七国军事都督，安东大将军（注意'大'字），倭国王武之名，前来拜会宋国皇帝。"

此言一出，四座皆惊。

因为除了那"倭国王"之外，其余的各种头衔，全都是自封的。

给人一种"你不给我我就自己拿"的感觉。

作为一介下属藩国，敢在天朝皇帝跟前如此言行，实属大逆不道，堪称有不臣之心，说白了就是想造反。

望着胆大妄为的倭国使者，年幼的刘准一时间说不出一句话来，底下陪同的臣子们也一声不吭，因为大家都不知道从何说起。

当场跳将起来大声斥责一番？

这似乎不妥。

因为倭国在朝鲜半岛的势力渗透本身已是既定事实，刘宋根本没有进行武力干涉，这时候如果跟倭国使者据理以争吵个脸红脖子粗的话，非但说服不了他们，反而会很没面子，甚至加速他们在朝鲜半岛的进一步行动。

而到了那时候，萧道成是肯定不会提出发兵救援的，因为他正在忙着干私活，等着篡权夺位；至于那刘准，自然也是铁定不可能去的，因为这孩子还等着别人来救他呢。

更何况，即便那两位有心去救，这北边还有人北魏在呢。

这些情况，倭王武早就已经熟知于心了。

眼睁睁地看着小弟A跟自己撕破脸，再眼睁睁地看着小弟B被原小弟A给凌辱，此乃着实的丢人现眼，这事儿我们之前已经说过，在此便不再多述。

所以得出的论点是：对于倭国所干出的这种大逆不道的行径，刘宋方面多半会采取不闻不问的态度。

事实上也正是如此，在倭国使者念完那一长串的头衔之后，刘准点了点头："远道而来，你们辛苦了。"

他默认了。

接着，倭国的使者又向刘宋朝廷通报了先王死讯以及新王继位，再献上了朝贡的礼物，一套例行公事之后，便起身告辞。

第二年（478年），他们又来了。

这次来建康，倭国使者们担负着两个巨大的重任：叙正以及递交国书。

叙正，就是把上一年自称的那一连串头衔给转正，之前刘宋不过是默认，现在要让他们光明正大地下圣旨给承认。

只不过去年是都督七国军事，今年则变成了六个，少掉的那个，是百济。

百济被打残了，凶手是高句丽。

话说在三年前（475年），高句丽出兵南下，一举攻陷百济首都，还杀了百济王，最后是在倭国的干涉性帮助下，百济王子才勉强出逃，率领残部迁到了一个叫熊津的地方，等候时机东山再起。

而倭王武派人送到建康的那份国书，也正是与此事有关。

这是日本历史上第一份国书，全部用汉字写成。主要分上中下三个部分。

前半段先是自我褒奖，在文中，倭王武以夸张的手法向刘宋朝廷传达了这样一个信息：经过大小几十余战，自己现在已经是完全一统江山的倭国国君了，虽说国力跟天朝上国还不能相比，但也算是东亚小强了。

原文是：封国偏远，作藩于外，自昔祖祢，躬擐甲胄，跋涉山川，不遑宁处。东征毛人五十五国，西服众夷六十六国，渡平海北九十五国，王道融泰，廓土遐畿，累叶朝宗，不愆于岁。

之所以引出来原文，是因为我要着重引用里面的一句话——"东征毛人五十五国"。

这里的毛人，就是虾夷之地，即今天的北海道地区，由此可以看出，日本早在公元5世纪，就已经取得了对北海道的控制权。

其实这是赤裸裸的威胁——有史以来，日本第一次以武力威胁中国。

接着，倭王笔锋一转，开始控诉高句丽，原文我们为了节省篇幅就不引用了，大意是说那地方穷山恶水尽出刁民，从很久之前便经常劫掠边境，现如今更是变本加厉，侵略百济，实在是"是可忍孰不可忍"，此乃中段；在文章的最后，倭王武表示，自己作为东亚小强，从来都不畏强暴，一直有心攻打高句丽，为百济复国出一把力，只是苦于前几年来事情太多，自己先是死了爹后又亡了哥，光办丧事都来不及，实在脱不开身，这些年总算是缓过来了，所以打算尽快出兵，希望天朝能够给予支持，即便不出援军给点名分也行，只要名正，那事儿也就多半能成了。

落款是都督倭、新罗、任那、伽罗、秦韩、慕韩六国军事，安东大将军，倭王武。

也就是说，除了南部朝鲜半岛之外，日本人还想对北面的高句丽用兵，并且希望中华政权不要干涉。

手越伸越长，东西越要越多。

最要命的是，刘宋还不得不给。

因为此时国内的形势已经越发紧张了，萧道成正紧锣密鼓地加紧自己的大计划，刘准则有心杀贼无力回天地混吃等天黑。

倭王武知道这会儿已然是谁都奈何不了他了，所以才敢如此放心大胆地讨这要那。

这种削尖了脑袋把空子钻到底的精神给倭国带来了巨大的回报，数日后，刘准下了一道圣旨，把都督倭、新罗、任那、伽罗、秦韩、慕韩六国军事权如愿以偿地赏给了倭王武，同时，还加封他为安东大将军。

而高句丽那边，刘宋朝廷虽然没有明确的表态，但实际上也等于是放手了，毕竟倭国索要的名分全都已经如数到手，那么换句话讲，刘宋等于是支持他们对高句丽用兵的。

这不得不说又是一次大胜利，继南部朝鲜半岛之后，倭国连北朝鲜也得到了——当然，目前还仅仅停留在名分上。

至于胜利的原因，主要当然得归功于倭王武的谋略——快速获取第一手情报，然后趁着空隙见缝插针。

建元元年（479年），萧道成终于下手，派部将王敬则率兵进宫，逼刘准让位，然后自登宝座，建立南齐政权，是为齐高帝。

在离开龙椅前，年仅12岁的宋顺帝留下了一句悲怆至绝的肺腑之言：愿生生世世，再不生帝王家。

同年，幽禁中的他被负责监视他的南齐士兵所杀。

萧道成当上皇帝后，倭国使者在第一时间便出现在了建康，以最热烈的言辞代表倭国向萧道成表示了祝贺，齐高帝当然很高兴，当即加封倭王武为征东将军。

南北朝期间，倭国使者的最后一次到访，是在天监元年（502年），这一年，梁武帝萧衍接受齐和帝萧宝融的禅让，建立梁朝，倭国闻讯之后特遣使者前来祝贺，倭王武也因此又高升一级，被封征东大将军。

而倭王讃（履中天皇）、倭王珍（反正天皇）、倭王济（允恭天皇）、倭王兴（安康天皇）以及倭王武（雄略天皇）这五位倭国大王，在历史上也被并称为"倭五王"。

这五位国王对于日本而言堪称居功至伟，因为他们的出现以及治世，使得倭国不再是当年那个唯中华马首是瞻的原始跟班了，日本人开始琢磨着自己该如何作为一个国家，去参与甚至是去改变周边的秩序，此时虽说尚且未有清晰明确的目标，但一些上层权贵亦开始若隐若现地明白自己应该将国家打造成如何模样了——总有一天，要把日本打造成一个可以和海对岸中华天朝并驾齐驱的国家。

当然，这将是一条无比漫长且艰难的道路。

第七章　苏我马子

· 佛教传来

公元552年，百济国的使者造访了倭国，他们奉君主圣明王之命，为当时的钦明天皇带来了三样礼物：一尊佛像，一套佛具以及一部佛经。

同时，还有一封圣明王亲笔写的信。

在信里，百济国王是这样说的：所谓佛法，是一种比其他任何经典都要高深的东西，其中的奥妙，即便是圣贤孔子或是周公也无法揣测。这玩意儿本源于天竺，后传入三韩，顷刻间就为大众所敬仰。由于佛经中有过预言，称佛法将会继续东传，我想来想去，觉得东边也就你们倭国了，所以才特地遣使送经，希望能让此物在贵国发扬光大，以普度众生。

信不长，百来字，但所包含的信息却不少。

首先，至少在当时日本的上流社会，儒教或者说汉学，已经十分普及了，不然百济国王是不会拿孔子、周公来举例的。

其次，文中所提到的三韩，指的是朝鲜半岛。那会儿半岛的政治格局已经产生了不小的变化，从原先"主要有三国"变成了现在的"只有三国"——高句丽、百济和新罗。

再次，百济王在信中对佛教传来的途径做了光明正大的篡改，把佛教说成了是直接从印度传来的东西，完全忽略了中国的存在。

但不管怎么说，这封信以及那些个佛教用品，对于钦明天皇而言还是很有吸引力的,他当下就开始捧起了佛像仔细观摩,然后敲了敲木鱼把玩了一会儿念珠,最后打开了那部佛经。

读完之后,天皇深感佛法无边,其乐无穷。激动之余,又觉得独乐乐不如众乐乐,于是第二天就把群臣给召唤到了殿前,先是说了一通佛法奥妙,接着便问了一个问题,那就是要不要把佛教当成倭国的官方宗教,普及一下?

一时间众大臣们议论纷纷,说什么的都有,就在这混乱的当口,突然就站出来一人,先口称大王圣明,再表示自己对于佛法精妙早有耳闻,今日又喜见殿下皈依极乐,心中怡爽万分,至于让佛教在倭国全境普及,那更是天大的好事,自己绝对支持。

话音刚落,猛然间又跳出来一人:"大王,我倭国自古便是神之国度,有八百万众神护国,今日若是贸然弃之不顾而奉他国之神为尊,恐怕是要遭报应的。"

顷刻间,刚才还嘈杂万分的殿堂上一下子就安静了,钦明天皇以及群臣都默不作声地摆出了一副习以为常的表情然后盯着说话的这二位,静静地等待着他们各自的下一段发言。

其实接下去也没什么有营养的话了,两位直接展开了人身攻击,一个说你是死板脑袋不知变通的老古董,另一个则说你是里通外国别有用心的卖国贼。

宽阔的殿堂内鸦雀无声,只听得那两人铿锵有力你来我往地咒爹骂娘,而底下的大伙则纷纷抄手围观,心里还在琢磨着今天这场吵架谁会赢。

其实这对冤家的结仇历史由来已久,长期以来殿堂之上但凡有点争议性话题,他们总是要跳出来以口为刀以舌为剑地厮杀一番,不分出个子丑寅卯青红皂白决不罢休。

看着越吵越凶眼瞅着就要撸袖子开打的两人,钦明天皇连忙摆手制止:"物部卿,苏我卿,你们都各退一步吧。"

天皇口中的物部卿,全名物部尾舆,就是坚持八百万众神的那个;而苏我卿,名叫苏我稻目,他力挺要在日本搞佛光普照工程。

物部尾舆是物部家的族长,论起这一族的历史,真可谓是源远流长,据说能够一直追溯到神话时代，而且代代都是倭大王身边的重臣。进入公元5世纪后，物部家主要负责倭国的兵器制造以及管理，在倭王武时代，他们家族的地位达到了顶峰，包括物部尾舆本人在内，一连好几代都担任了国家的最高执政官——专业名称叫作大连。

在当时的倭国朝廷里，物部尾舆主要负责军事以及法务。

另一个苏我稻目，则是主管经济、外交事务的官员，并且还担任了大臣一职。

在那个时代的倭国，所谓大臣并非泛指，而是一个和大连一样的专门职务，其主要职责也是辅佐大王处理政务。大连和大臣，其实就相当于中国的左右丞相。

物部尾舆和苏我稻目，说白了就是倭国的两大权臣。

关于这场佛教之争，两位冤家采取了两种截然不同的态度，这其实本是一件意料之中的事——他们能够团结一致那才叫新鲜。至于个中原因，一般认为物部尾舆是政治方面的保守派，不容易认同外来文化；而苏我稻目是开明派，容易接受新生事物。

甚至还有人干脆武断地认为，物部尾舆是守旧的，苏我稻目是进步的。

这就纯属扯淡了。

·宗教战争爆发了！

物部尾舆之所以反对佛教流入倭国，其主要目的，是守护国家。

话说自邪马台的卑弥呼女王之后，经数代巫婆巫师的悉心努力，日本的本土宗教神道教在公元6世纪的时候总算已是颇具规模且深入人心。神道教其实是一种相当原始的多神信仰宗教，其主旨通俗说来就是讲究万物皆有灵，万物都能成神。根据神道教的说法，森林中存在着森林之神，稻田里有稻田之神，就连厕所中都会住上一个厕所女神，等等，而日本列岛，正是一个被众神佑护着的国家，倭国大王（日本天皇），则是一个能够与神对话，被神派下凡间治理国家的半神存在。

注意：众神的数目因过于庞大无法具体一一考据，所以往往用虚数八百万来表示，意为很多。

故而在物部尾舆眼里，神道教=倭国=倭王。

因为只要倭国的国民们信了神道教，那么自然而然地也会相信倭王是半神，一旦大伙相信自家的国王是半神，那么只要不碰着太出格的状况，这王权基本就能跟神权画上等号，也就是说，能够得以永存——毕竟这世上愿意与神相抗衡的人真心不多见。

于是，守护神道教在倭国内的唯一性就变得十分必要了。说白了保护神道教就是保护倭国，保护倭王政权。

而现在百济王把佛教输入倭国，无异于一场思想侵略，一旦这种异端宗教蔓延开来，很有可能对日本的本土文化乃至本土政权造成巨大的冲击。

作为出生于一个家族历史几乎能和国家历史持平的人，物部尾舆显然会拼尽全力不让上述这种情况发生的。

至于那苏我稻目大力支持佛教，也绝非是什么开明睿智的表现，纯属事出有因。

这因，出在他祖宗的身上。

虽然苏我稻目本人一直标榜自己是日本上古时代著名栋梁之臣，被后世日本人奉为半神的武内宿祢之后，但实际上并非如此。

苏我家的祖先叫苏我满智，本名木满智，是渡来人。

只是他渡来日本的理由很让人说不出口。

这位老兄本是百济国重臣，自幼便是出了名的美男子，方圆百里的姑娘一听到他的名字就会被迷得神魂颠倒。

因为是重臣，所以跟国王走得很近；因为跟国王走得很近，所以也能经常接触到后宫的女性。

于是这木满智利用职务之便以及身体优势跟当任国王的母后搞上了，等于是给百济王他爹戴了绿帽子。事情败露之后，这家伙当然是没法再在百济混下去了，于是只能背井离乡，去了日本。

说穿了苏我稻目就是圣明王的同胞，对于他而言，圣明王就代表着自己的祖国，圣明王的希望就是家乡人民的希望，圣明王想让佛教在日本传播就代表着祖国同胞想让佛教在日本传播，自己作为百济人民中的一员，虽然已经移民,可身上依然流着百济的血,所以只要是来自百济的要求,自己有义务也有责任去帮助它实现。

你不要说我在夸大其词胡编乱造,尽管他苏我家跟百济王室在多年前有绿帽纠纷,可那毕竟是当年木满智一念之差,其实他是非常热爱祖国的,这点从苏我家子孙的名字上就能体现出来,木满智的儿子叫苏我韩子,苏我韩子的儿子叫苏我高丽,而苏我高丽就是苏我稻目他爹。

所以从小就耳濡目染接受爱国主义教育的苏我稻目能够站在百济国那边支持佛教实在是属正常现象。

再者,作为一介渡来人,苏我稻目很明白,自己要想在政治上有所作为,要想战胜根深蒂固的物部家族的话,不玩点儿新意铁定不行。

说难听点儿,苏我稻目其实就是在把佛教当邪教用,先让钦明天皇信上这玩意儿,再让全日本都跟着一块儿信,这样一来兴许就能压过神道教,顺便把以物部家族为首的老古董们赶出朝堂,要是运气再好点儿,说不定还能把佛教当成国教,那么到了那个时候,自己这个把佛教带进日本的大功臣,甚至还能成为教主,不论是表面风光还是实际好处,都将是无可估量的。

讲到底,这场佛教之争,其实是当时日本土著贵族阶级与渡来人集团之间的争斗。

再说那朝堂之上,望着几乎要打起来的物部尾舆和苏我稻目,钦明天皇只得表示,这佛教一事,姑且就到此为止吧,佛经留着自己没事儿的时候当小人书看看,毕竟还算有趣,至于佛像,既然苏我稻目你那么推崇,那就赏给你吧,你自己带回去拜也好当装饰也罢那都是你的自由,寡人就不管你了。

就此,这事儿算是告一段落了,双方第一轮交手的结果算是平局——谁都没有达到自己的目的,但谁都还有后路。

这天退朝后,苏我稻目捧着那尊佛像回家了。

为了表示敬重,他特地在离家不远的地方造起了一座寺庙——这是日本历史上最早的庙宇,然后恭恭敬敬地把佛像请了进去,并且每天参拜,早中晚各一次,比吃饭都要来得按时。

另一边,钦明天皇见这哥们儿如此虔诚,便把那部佛经也赏了给他。就这样，苏我稻目每天拜完佛后就念经，念完经跑去跟大王交流思想，两人俨然成了一对好道友，惹得那物部尾舆又眼红又无奈。

按照这样的态势发展下去，只要不出意外，那么钦明天皇早晚会被苏我稻目说服，在日本大规模推广佛教。

可偏偏这意外还真就发生了。

话说就在这一年，确切地说就在苏我稻目造起日本第一座寺庙之后的当月，日本的近畿地区发生了一场相当严重的瘟疫，一时间被感染者无数，且不论人畜，只要沾上数日间便命丧黄泉。

望着满世界的那一具具还来不及掩埋的尸体，物部尾舆仰天长啸，大喝三声神不弃我，然后以百米狂奔的速度跑到钦明天皇跟前，上气不接下气地喘道："大大大大大王，这这这这就是是是信信了外外外教的的的报报报应！"

钦明天皇没吭声。

因为他不知道物部尾舆是在说谁。

目前倭国上下，已知已经信了佛的有两个：一个是苏我稻目，还有一个就是大王本人。

原本是神的代言人，结果现在却信了其他宗教，这报应怎么看都是上天降给自己的。

物部尾舆一看大王面有不爽之色，马上就知道是什么原因了，于是又伏下了身子："大王，据臣观察，这次瘟疫，定是由苏我稻目引起。"

钦明天皇忙问为什么。

"百济王献佛经于大王，这本是两国邦交，无可厚非，可苏我稻目却心怀不轨，接二连三地蛊惑大王，意图以佛代神，这才引起了群神愤怒，导致了瘟疫。现在只要大王能够不再听信稻目的一派胡言，重新尊神信道，想必那瘟疫很快就会过去的。"

因为连日来的灾情，钦明天皇早已身心俱疲，现在又被物部尾舆这么碎碎念了一番，更是没了主意，只能一手扶着额头一手伸前摆了摆："物部卿，那就交给你去处理吧。"

刚刚还满脸悲愤正气凛然地痛斥苏我稻目的物部尾舆一听这话，立刻喜上眉梢，忙不迭地弯腰鞠躬告退，表示自己这就回去准备准备，然后替天行道剑斩妖魔。

三天后，一队全副武装的士兵齐刷刷地开到了苏我家造的那座寺院门前，领头大将自然是物部尾舆。

看大门的苏我家丁正欲上前问个究竟，可话都还没说出口，物部尾舆就大手一挥："绑了！"

于是几个人就立刻被捆得跟粽子似的然后丢在一旁。

接着，物部尾舆又言简意赅地下达了第二条命令："给我抽。"

如狼似虎的士兵拿着鞭子冲进庙里见人就揍，当然，刚才被捆起来的几个家丁也自然没有被遗忘，一人挨了至少二三十下。

绑完抽完，物部尾舆下了第三道命令："把佛像搬出来，再把这地方给烧了。"

猛烈的大火熊熊升起，日本史上第一座寺庙就这么完蛋了。

最后，物部尾舆率队来到河边，召开了一个灭佛大会。

具体的操作手法是把这尊佛像给抛入河中，再向八百万神灵祷告一番，大致内容是我们已经驱逐了邪教，所以请诸神发发慈悲，赶紧收了神通，结束这场瘟疫吧。

不过，因为佛像是木头雕制而成，故而丢入河中它会浮起来，于是物部尾舆干脆一不做二不休，直接把这玩意儿给砸了个粉碎，所以当闻讯赶来抢救的苏我稻目奔到河边时，只看到了尚未被河流冲远的一块小木片。

说来也怪，灭佛之后，瘟疫真的消失了。于是物部家上下无不得意扬扬见人高三分："你看，幸亏我家老爷子果断烧了苏我家的番庙，这才拯救了黎民苍生。"

就此，神佛之间的第二轮较量，以神道教代表物部尾舆的大胜而告终。

可是胜利的一方心中却并不满足。

其实大伙心里都明白，这物部尾舆虽说是把寺院给一把火烧了，但实际上这哥们儿最想放火的地方，很明显是苏我稻目他家。

至于那几十鞭子，也当然是抽在苏我稻目身上才好。

只是他做不到。

·苏我家的反击

虽然是一介渡来人，可苏我家跟倭国王室的关系却非同一般。

苏我稻目有两个女儿，一个叫坚盐媛，一个叫小姐君，两人天生丽质堪称绝色，并且双双嫁给了钦明天皇，这就等于说稻目是倭国大王的双料岳丈。

所以你物部尾舆想要砸佛像烧寺庙，这没问题，可要把大王老婆的亲爹给弄死，那就很有难度了。

于是他只能暂时隐忍，等待着下一次时机的到来。

而另一方面，苏我家也并未放弃自己的信仰或者说理想，虽说是被烧了经文寺庙还砸了佛像，但这事儿过去之后没多久，苏我稻目便又叫来了工匠，依着他的回忆重新雕了一尊佛像，然后摆放在家里天天和他儿子一起参拜。

稻目的儿子名叫马子，这是因为他生于马年，而末尾的那个"子"字，虽说在如今的日本是女孩起名的专利，但在当时，却是男女通用的。

钦明天皇知道此事后，并未做出过多干涉，等于采取了默认的态度。

物部尾舆尽管心有两万分的不爽，可也没辙。

于是两派人马便进入了一个暂时的和平阶段：谁都憋着劲儿想搞死对方，但因为时机未到，所以谁都没办法先下手。

就这样春去秋来地过去了三十多年，物部尾舆和苏我稻目先后去世，两家由各自的儿子物部守屋与苏我马子继承，而钦明天皇也于公元571年驾崩，继承大统的是他的第二王子敏达天皇。

公元584年，百济人鹿深臣来到倭国，将一尊石雕佛像送给苏我马子当礼物，马子大喜之余，便又向鹿深臣进一步提出要求，表示自己曾经读过佛经，但对其中意思不甚了解，看你这样子似乎也像是个懂行的，能不能教教我？

鹿深臣连忙摆手，说自己其实也是个门外汉，送送佛像还行，要说带领念佛经，那绝对要念歪。不过既然你苏我大人如此有心向佛，不如干脆招募几个和尚，让专业的来教你，岂不更好。

于是马子又问，我上哪儿找和尚去？

鹿深臣说据我所知，我们百济有几个僧人曾经来你们倭国隐居，只要苏我大人用心去找且诚心拜访，就一定能够找到。

虽然我到现在都没明白为什么百济的和尚要去日本隐居，但根据鹿深臣的进一步指点，苏我马子还真的在倭国境内找到了三个百济僧人，而且全是女性，她们的法号分别是善信尼、惠善尼以及禅藏尼。

这便是日本历史上最早的尼姑了。

欢喜之余，苏我马子立刻自费将那三人养在自己家中，整日里都向她们请教佛法问题。

就这样到了第二年（585年），因为学习刻苦过头等原因，他病倒了。

而且这病似乎还挺重，倒下了就再也没爬起来，苏我家上下顿时就慌了神，遍请名医，好不容易才把他给从死亡线上救了回来，但心里却落下了阴影。

苏我马子生怕自己可能是受了什么诅咒或者是中了什么邪，所以不顾大病初愈身体还不利索，让人专门找来了一个跳大神的巫师，在家里焚黄草生香烟，想请各路众神仙来驱驱晦气。

结果那巫师在烧了一串鬼画符的木片（当时日本纸张非常稀少且价格昂贵）又跳了一曲莫名其妙的舞蹈再自言自语了一堆谁都听不明白的念叨之后，对苏我马子说："苏我大人，您这不是病，而是诅咒。"

马子长叹一声表示果然不出我所料，说吧，是哪个不要脸的在背后下咒？

"其实是苏我大人您的父亲，苏我稻目大人。"

"什么？"马子一惊。

"您还记得当年被砸碎了丢入河中的佛像吗？正是这尊佛像的怨念在作祟。"

所谓作祟，是一个标准的神道教概念。

在讲究万物皆有灵的神道教中，这世间的万物都是有灵魂的，你的衣服、你的袜子、你的小内裤，其实都是一个个灵体的存在，当你虐待它们不善待它们的时候，它们便会作祟，对你下咒。

当然，巫师说佛像在作祟，这就很扯了，毕竟佛家根本没有作祟这个概念，佛像哪可能跨行作业？

但苏我马子却信了，是真信还是装样子我们不得而知，但他确实在占卜过后，跑到王宫里对着敏达天皇号啕大哭，说自己被佛像给诅咒了，看样子是活不长了，请大王无论如何救自己一命。

救命的具体方法是赶紧再造一座寺庙，每天念经拜佛给佛祖道歉。

看着一把眼泪一把鼻涕的苏我马子，敏达天皇动了恻隐之心，再加上马子口口声声表示这次并非是在全国范围里推广佛教，而是仅限于他们一家人拜佛，所以敏达天皇表示，那你就去造寺庙吧，寡人准了。

于是在第一家寺庙被烧的几十年后，日本的第二家寺庙终于又开张了。

只不过一个信佛的人请人来用神道教的方式占卜而且还对结果表示相信，这实在很难让人将他认定为真正意义上的佛教信徒。

说句实话其实苏我马子跟他爹苏我稻目一样，未必是真的心中有佛祖，而是挖空心思想把佛教当成自己用来搞政治斗争的一个工具。

结果不知道是不是真的苍天有眼，反正这种做法很快就遭到了报应。

·论不诚心拜佛的恶果

就在马子重新光明正大地开始拜佛念经后，一场严重的瘟疫再度降临日本大地。

这场瘟疫之所以被称之为"严重"，是因为敏达天皇本人据说也被感染上了。

物部守屋自然不肯放过这样的天赐良机，忙不迭地就跳了出来，跟当年他爹似的主动请缨要去清理邪教。

已经病恹恹的敏达天皇早就丧失了判断能力，再加上最近这几十年里只要一拜佛便会来一场瘟疫的事件几乎都成了自然规律，所以大家都觉得很有可能真的是来自上苍的惩罚，于是敏达天皇下了旨意，说是要收回之前的成命，禁止一切人等公开或是私下拜佛念佛。

至于那个庙，也就交给物部家处理了。

物部守屋兴高采烈地领旨遵命，出了王宫大门便直奔家中，点起士兵浩浩荡荡地朝寺庙方向杀将过去。

当时苏我马子正巧在庙里对着佛像撅屁股磕头祈祷好运降临，结果好运没来厄运倒是真的出现了。

幸而物部守屋还算给面子，望着一脸愤怒出门前来的马子，表示老子今天不打你，只烧你的庙，砸你的佛，你要是识相就赶紧滚开，顺便把那几个尼姑给交出来，不然别怪刀枪无眼。

看着眼前那一排排杀气腾腾的精壮汉子跟一杆杆磨得寒光闪闪的长枪大刀，马子非常识大体地滚去了一边，但嘴里却还不饶人："你小子给我等着，我待会儿就去找大王，我要让大王还我一个公道。"

物部守屋懒得跟他废话，一句话都不说就酷酷地打了个手势，接着三个士兵飞一般地冲进庙里，旋即又冲了出来，并且各自手里都多了一个人，分别是善信尼、惠善尼和禅藏尼。

三个尼姑被绑在了庙门口的木柱子上，先是活活晒了半天的太阳，然后当着周围围观群众的面，被物部家的士兵剥光了衣服，再用鞭子抽屁股。

这诚然是一种极大的侮辱。

打完之后，和三十年前一样，寺庙被一把火夷为平地，佛像则被抛入大海。

这次的佛像是石头做的，所以丢得特别顺利，扑通一声响过之后便连影子都看不到了。

而苏我马子在知道了事情的前因后果之后，别无他法，只能是眼睁睁地看着辛苦建起的寺庙从有到无，他唯一能做的，只有躲在一旁含着眼泪咬着手帕蹲在地上画圈圈。

但是跟上次不同的是，这次灭佛过后，瘟疫非但没有减退，反而更加严重了。

于是一股奇怪的流言开始在奈良地区蔓延开来，说是之所以瘟疫不退，全都是因为物部守屋砸了佛像的报应。

苏我马子则如抓了救命稻草一般趁机上奏敏达天皇，要求用佛教的祈祷方法来试试看能不能消退瘟疫。

但敏达天皇却并没有给予明确的答复，甚至连见都不曾见马子一面。

因为此时此刻的他已经病入膏肓，快要死了。

当年8月，敏达天皇驾崩。

大王死了照例是要开一个隆重的追悼会，大伙齐聚一堂说说先王过去的威武事迹，再一起吃个饭什么的，中国如此，日本亦如此。

敏达天皇治丧委员会会长是物部守屋，整个追悼会从筹备到实行都由他一个人搞定。

在大会当天，众大臣围绕先王遗体三鞠躬走过场后，便是重臣的发言时间，即由几位德高望重的臣子轮流读一读缅怀敏达天皇的发言稿。而这第一个发言的，自然是物部守屋。

守屋是个性格比较内向的人，平时不爱说话，大家都觉得他很酷，但实际上哥们儿是害羞不敢说。这回发言，他拿着稿子还没念上两句，就已经开始脸红了，接着，身体也开始微微地颤抖了起来。

下面的苏我马子见状，当然不肯放过这个嘲讽对方的好机会，他一边捂嘴偷笑一边用足以让物部守屋听到的音量说道："噗，你看那傻帽，活像一口嗡嗡作响的大钟。"

苏我派成员则非常配合地发出了一阵轻微的哄笑。

物部守屋在上面的感受可想而知，但是又不能一甩稿子说老子不干了，所以只能是咬紧牙关把该说的发言说完，走下台的时候这脸早就憋成了猪肝色。

守屋之后，是苏我马子。

马子是个身材比较矮小的人，而且这一天他腰间还挂了一把长长的佩刀，故而当他走上前去之后，物部守屋立刻明白，报复的机会来了。

"嘿嘿，你们看那家伙，像不像一只被射穿了屁股的小鸡？"

于是物部党们也发出了一阵轻蔑的笑声。

虽然在我看来这种低级趣味的玩笑没有丝毫的笑点，但当时的诸权贵们却是不笑不行。

因为大伙都明白，这种当面如泼妇骂街一般的挑衅其实是一种信号——

苏我马子和物部守屋两者之间互相宣战的信号，你跟着谁一起笑，就代表你将跟谁是一路人。

再说那敏达天皇死后，因为连个遗嘱都没留下，所以谁来当下一任大王就成了一个摆上桌面的大问题。

当时最为热门的候选继承人有两个，一个叫池边王子，一个叫穴穗部王子。

这两位都是钦明天皇的儿子，算是兄弟，前者是坚盐媛的儿子，而后者则是小姐君所生，换言之，他们都是敏达天皇的弟弟、苏我稻目的外孙以及苏我马子的外甥。

其中，穴穗部王子因为稍微年长一些，再加之平时比较会做人以及跟物部守屋走得比较近，所以早在敏达天皇还活着的时候他便已经成了热门人物。即便是苏我派成员里，也有不少认为他会是下一代大王。

虽然苏我马子本人是一百个不愿意看到王位的继承者是一个跟物部守屋关系好得不得了的家伙，但奈何形势已然如此，自己也就只能干瞪着眼了。

然而，让人万万没有想到的是，就是这么一位眼瞅着便能登上宝座的王子，却用自己的双手，亲自毁掉了自己如花似锦的前程。

话说在敏达天皇的葬礼上，也不知道这位穴穗部王子早饭吃了什么不干净的东西，突然就神经错乱地大声说了一句："奶奶的，烦死了！"

底下人立刻小声劝道，说大人您慎言，这可是先王的灵前哪。

"妈的，活着的时候他是大王，死了他还是大王吗？现在的大王应该是老子才对吧？"

这话说得那叫一个豪气万丈气概云天，当时全场的人就差给这位未来大王跪下了。

事后，苏我马子在重臣会议上表示穴穗部王子这种张扬的性格实在不适合做大王，这下一任的宝座，应该由池边王子来坐。

物部守屋虽然有心反对，可追悼会那天发生的事情大家都有目共睹看在眼里记在心里，穴穗部王子的个人形象早就跌落了谷底，所以守屋也只能随了一回马子，表示反正都是你外甥，那就让池边王子当大王吧。

就当诸重臣商量已定准备昭告天下的当儿，突然门外闯进来一个报事的，用颤抖且结巴的声调说道："不……不好……好了！"

出大事了。

话说由于那位穴穗部王子当时并不在场，所以也不知道群臣们正在商议立自己的兄弟为王，还满心欢喜地以为自己这一回江山坐定了，于是便越发猖狂了起来。

他想到了敏达天皇的皇后炊屋姬，也就是自己的嫂子，是一个绝色美女，便趁着追悼会吃豆腐饭时多喝了几杯后壮起了酒胆，带着几个随从直冲对方所在的宫殿，打算做一些少儿不宜的蝇营狗苟。

好在事先有宫女看出了大事不妙，提前跑去通知了炊屋姬，这才让她得以提前命令将殿门紧闭，同时还派人飞跑出去求援。

这个求援，求的不是别人，正是苏我马子，因为如果按辈分算，马子是炊屋姬的亲舅舅。

当苏我马子带着人马赶到现场的时候，穴穗部王子正在门口叫骂。

其实他本来想硬闯的，但没能成功，连续闯了七次都被挡了回去。

而这个挡驾的英雄，叫三轮逆。

·好人苏我马子

三轮逆此人系大和地区（奈良县）的豪族，敏达天皇的宠臣，大王死后就一直守护在王后身边，忠诚度极高。

不过三轮逆跟苏我马子的关系并不好，在之前物部守屋前来灭佛的时候，往寺庙里丢火把也有他的一份。只是这人反佛教并非出于政治目的，而是纯粹觉得佛教真的是邪教，真会引起瘟疫，仅此而已。

再说那苏我马子一群人一看到穴穗部王子，也不多废话，立刻一拥而上，拖的拖劝的劝，说王子殿下您喝多了，赶紧回家去吧。

穴穗部王子虽然歇斯底里地喊着老子没醉老子今天要找嫂子，但终究架不住对方人多力量大，就这么被硬生生地拖走了。

此事过后，穴穗部王子的人气再度落到了一个新低潮，而池边王子则在一片拥戴声中坐上了宝座，史称用明天皇。

于是穴穗部王子理所当然地不高兴了。

一直觉得位子和嫂子都是自己囊中之物的他,临了居然什么都没捞着,这其中的不爽之情那是可想而知的。

不爽了就要发泄,这是人之常情,但同时也是一种非常原始的人之常情。

毫不夸张地说,只有最无能的人才会一碰到不高兴就要拿别的人或是东西出气泄愤。很不凑巧,穴穗部王子正是这么一个不会调节自己情绪的主儿。

他的出气对象是三轮逆。

其实想想也能明白,池边王子已经成了大王,惹不起;炊屋姬整日躲在深宫,惹不到;苏我马子权高位重还挺厉害,不敢惹;物部守屋跟其他人等与自己没多少交集,惹不着,剩下的,就只有那天跟自己直接抗衡过的三轮逆了,更何况在敏达天皇死后,这家伙早就成了没有靠山的软柿子,惹起来也容易。

故而在闯宫事件没几天之后,穴穗部王子便找到了物部守屋和苏我马子,表示那天三轮逆虽说是为主挡驾,但在那过程中出言不逊,有辱骂王室的言辞,实属大逆不道,应该杀之以扬王权之威武。

要说苏我马子到底是念了几天佛的人,还算天良未泯,尽管当年跟三轮逆有过过节,但此时一听这话当场就急了,说你小子自己图谋不轨被人拒之门外,难道现在还想报复不成?

但物部守屋却非常不是东西地坚定地站在了穴穗部王子的那一边,表示这个三轮逆确实是个坏蛋,自己早就看他不顺眼了,这次居然还敢忤逆王子,杀,实在该杀。

争论的最终结果是苏我马子不得不让步,一来穴穗部王子坚持要杀的态度强硬且边上有物部守屋帮着;二来马子之所以开始的时候不赞同杀,纯粹是出于一种道义良心上的考虑,现在经过几个回合的争吵已经逐渐清醒了过来,感到像三轮逆这样的政敌显然是去死比较好。

就这样,穴穗部王子和物部守屋点起大军,旌旗林立地准备出发——物部家是掌管军事的,所以点个千把来人不成问题。

其中,王子本人也一身披挂,弯刀大弓还骑了一匹高头大马,同时一脸的杀气:"本王定要拿住那该死的三轮逆,然后亲手一箭射穿他的头颅!"

本来并不打算蹚浑水的苏我马子一听这话,心中顿时就油然生起了一种不祥的预感,连忙吩咐手下也给自己准备一匹马,他打算跟着一块儿去。

就这样,一行人又来到了炊屋姬的宫殿大门口,穴穗部王子耀武扬威地要前王后把人给交出来。

叫了几声没人理,王子大怒,下令攻门,同时自己也从马上跳了下来,将刀拔出了刀鞘,一副欲亲手斩杀三轮逆的架势。

苏我马子赶紧上前将其一把拉住:"殿下,不可。立于上位者,怎可亲手杀人?如此和市井屠夫又有何异?!"

凭良心讲,纵观历史,苏我马子这家伙绝对算不得好东西,但这句话,确实是老成持重的肺腑之言。

但穴穗部王子却并不听劝,不但不听劝,反而还扬起了手中的宝剑直指自己的舅舅:"你要是再敢阻拦,那就先杀了你。"

而物部守屋也非常是时候地跳出来帮腔:"这是讨逆,王子不身先士卒,怎么给将士做榜样?"

此话说得穴穗部王子心情万分舒畅,于是也不再跟马子多费口舌,在宫门被打破之后,便直接提着三尺长剑大步流星地随着军队一起杀了进去。

当他再次出来的时候,手里已经多了一样东西——三轮逆的项上人头。

看见此景,苏我马子只能哀叹一声:"这个国家离天下大乱的日子不远了。"

物部守屋听到了,当即狠狠地回了一句:"像你这种小臣懂个屁!"

苏我马子无话可说,因为在历史悠久的物部家族面前,他这一介渡来人之后确实显得微不足道。

而且现在的形势也早已严峻到了不再是斗嘴就能解决的地步了,如无意外,自己的外甥穴穗部王子从此便要和物部守屋混在一块儿站在自己的对立面了,倭国的朝廷,便将彻底分为两派。

天下,真的要大乱了。

第八章　圣德太子

· 穴穗部王子的报应

且说用明天皇继位之后，身体一直都不怎么好，经常发烧感冒有时候还会吐血抽搐。

对此，苏我马子的态度是劝外甥赶紧信佛，他表示自己以前健康状况也不咋的，可自从信了如来佛祖之后，吃饭倍儿香身体倍儿棒，一口气能绕着王宫跑五圈不喘气，由此可见，佛教是个好东西。

当时用明天皇的身体已经极为衰弱了，请遍了名医巫师用遍了各种医术法术都不见效，于是便怀着一种临时抱佛脚的心态，在公元587年的时候下了一道旨意，宣布从此之后倭国境内无论臣民都能自由信佛拜佛，不必再受任何拘束。

这道圣旨一下，最高兴的当然是苏我马子，他忙不迭地就牵头召集群臣，讨论一下在大和地区修建寺庙以及招募僧侣的事宜。

但当即就有人提出反对意见，而且态度非常强硬。

此人正是物部守屋。

物部守屋依然坚持认为，倭国是神的国度，由本土八百万神明守护，绝不需要什么外国的佛祖，同时他还觉得，苏我马子是在假传圣旨，理由是大王现在病重，连话都说不利索，怎可能传出这样的旨意？退一万步说，即便是大王自己的意思，那也肯定是在苏我马子的人为操控下所犯的糊涂，当不得真。

于是两个人又吵了起来，一个说你欺君抗旨，一个说你假传圣旨，吵到最后苏我马子一甩袖子，表示既然谁也说服不了谁，那就投票吧，看看群臣里支持你的多还是支持我的多，少数服从多数，这总没问题吧？

物部守屋点头同意，然后一边环顾四周，一边开口道："殿下，请您发表意见。"

他口里的殿下指的是穴穗部王子。此时用明天皇病卧榻上，朝中权贵里地位最高的就是穴穗部，物部守屋认为虽然历经前面两次无厘头事件可以看出穴穗部王子这个人着实不咋地，但穴穗部王子毕竟是王子，说难听点儿如果现在用明天皇翘辫子了，那么这位穴穗部王子仍然会是下一任王位的热门继承候选人。

这一点群臣都明白，所以只要他出来说一句话，那么大多数人为今后计，必然会随声附和。

然而奇怪的是，在物部守屋连喊数声殿下之后，这殿下却迟迟不曾现身，仔细扫视一番后才发现，原来穴穗部王子这一天根本就没在现场。

物部守屋很失落，因为他心里很清楚，自打用明天皇继位，苏我马子在朝中的势力便不断开始扩大，现如今即便是物部家当主的自己，也已经不再是苏我家的对手了，要想在此扳回一局，那么能够依靠的，唯有最有可能继承用明天皇王位的穴穗部王子。

所以他便提议说事关重大，一定要穴穗部王子殿下在场才能讨论，现如今殿下不在，我们要不暂时休会，把王子先请来了再说？

这话刚一出口苏我马子就点头了："行，那就让人去请吧。"

说来也巧，人还没来得及派出去，穴穗部王子便出现了。

但他不是一个人来的，身后还跟着一个人，确切地说，是跟着一个光头和尚。

此人名叫丰国法师，是出生在丰前国（福冈县）或是丰后国（大分县）一带的僧人。

"大师，快点这边请。"穴穗部王子显得相当殷勤，"这是苏我大人，见过之后，就赶紧去为大王诵经祈福吧！"

顿时，全场都愣住了。

之所以会这样，原因其实也很简单：穴穗部王子被苏我马子拉拢了。

其实物部守屋想到的，苏我马子全都想到了，早在用明天皇病情还未如此沉重的时候，他就跟穴穗部扯上了线，承诺如果用明天皇这次没挺过去死得早了，那么下一任大王，可以是你。

穴穗部王子的人生目标就是当大王然后玩嫂子，除此之外基本没有什么追求，所以一听说王位有希望了，自然是欣喜万分，当场就做出了一个各种肥皂剧黑帮剧历史剧里都非常常见的承诺："苏我大人有什么要求尽管开口，只要本王能做到，定然万死不辞！"

于是这两人就这么成了搭档，一个鼓动用明天皇允许传播佛教，一个则亲自去找来了得道高僧，一块儿联手把物部守屋给彻底地坑了一回。

这下守屋就不光光是"失落"了，哥们儿呆呆地看着穴穗部王子跟苏我马子以及那个光头和尚，就差冲着三人迎面一口鲜血喷上去。

就这样，关于在倭国传播佛教一事，便算尘埃落定了，而盛怒之下的物部守屋则离开了大和，回了老家河内国（大阪府东部）。

然而，尽管在大和地区建造起了数座寺庙和佛塔，王宫里也日日都有僧侣念经，却终究没能挽救用明天皇的性命，当年5月，这位年轻的大王仍然因病医治无效，过早地离开了倭国的众臣民们。

听到这个消息后，穴穗部王子高兴得不能自己，因为他觉得这下王位终于该轮着自己来坐了。

事实上似乎也正是如此，就在用明天皇死后没几天，苏我马子便派来了使者，嘴里口口声声称他是大王，表示经过以苏我大人为首的群臣商议，决定由您来继承大统，统领这倭国江山。

穴穗部王子高兴得不能自已，当场就重重赏了来使，同时下令手下立刻收拾一下，这就准备去王宫登基。

但特使却表示先别那么急着走，毕竟这是大事儿，怎么着也该好好地、慢慢地准备一下。

穴穗部王子觉得言之有理，便挑出了精干的手下开始着手准备起了各种事务，同时在这天晚上，他在住处摆下了筵席，盛情款待了那位特使。

第八章 圣德太子

是夜，王子正待入睡，突然就听得外面嘈杂一片，走出去一看，外面人马无数，火把林立，照得周围如白昼一般，与之相伴随的还有一片喊杀声，他们要杀的，自然是这屋子的主人：穴穗部王子。

王子很害怕也很莫名，他努力回想自己最近是不是有得罪什么人，居然招来如此大恨，但想了半天也没得出个所以然来，于是只能挺身而出振臂一呼："我是倭国的大王，你们有什么事跟我说，我一定能帮你们解决的！"

回应他的，是一片诸如"滚你妈的蛋""放你娘的屁"之类的粗鲁谩骂。

同时也夹杂着一些很有用的情报，比方说"我们奉苏我大人之命，特来为国除害"，等等。

苏我大人很显然指的是苏我马子。

难道，是我舅舅派人来杀我？

王子更加疑惑了。

因为在他的印象中，苏我马子永远是一副满面笑容的形象，即便是挨了物部家的欺负，也最多是哀怨地在地上画个圈，说白了，就是一个软弱的家伙。

这样的一个人，骂骂人吵吵架还成，至于兴兵动刀杀人放火，在穴穗部王子看来，是不太可能的。

但显然实际上并非如此，或者说，事实上恰恰相反。

苏我马子属于那种腹黑手辣型男子，在不得势的时候，绝不吃眼前亏，一旦得了势，那就一定会一手遮天，且神挡杀神，佛挡杀佛。

现在他要除掉的，正是穴穗部王子。

至于理由嘛，那当然是因为哥们儿跟苏我马子有仇，早些时候又伙同物部守屋来回给马子添堵又要霸占马子的亲外甥女炊屋姬，论着哪条都该他死来着。

火光中，闪出了苏我马子的身影："穴穗部王子殿下，我等奉诏前来讨伐，你最好乖乖束手就擒，切莫尴尬了自己！"

奉诏，奉谁的诏？穴穗部王子很莫名：难道新大王已经选好了？不是自己？

其实新大王虽说确实肯定不是穴穗部，但却也尚未诞生，苏我马子纯粹是吓唬吓唬他，但不管怎么说这招还是非常有用的，因为穴穗部王子身边的众守卫一听到奉诏二字，立刻纷纷放下武器表示投降，更有甚者则干脆抱着革命不分早晚的心态倒戈一击，几乎在瞬间，穴穗部王子就成了真正的孤家寡人，他的身边，一个人都没有了。

于是这位王子终于明白此时此刻自己所处的境地，同时也明白了在那之前苏我马子说打算拥戴自己为王那纯粹是用来消除自己戒备心的说法，以防自己在知道真相后联手物部守屋狗急跳墙的策略。

但是，他知道得太晚了。

随着苏我马子的一声令下，数百名士兵一拥而上，呐喊着举起了手中的大刀和长枪……

·厩户王子

穴穗部王子死后，苏我马子朝纲独断，率领群臣推举了钦明天皇的第十二王子泊濑部王子为君，史称崇峻天皇。

与此同时，正在老家过自己小日子的物部守屋也收到了这个消息，他明白，这下一个便该轮着自己了。

正所谓先下手为强后下手遭殃，守屋决定，要做一个强者。

他点起了手下所有可用之兵，并造起了一座名为稻城的坚固城池，打算以此为据点进行长期抗衡。

而苏我马子也毫不含糊地点起了大军朝着河内奔杀了过去，三四天后，双方便在稻城之下展开了第一场会战。虽然苏我家人多势众，可毕竟远道而来，被准备充足的物部家打了个措手不及；之后，两家人又进行了两次战斗，苏我家的攻势均被打退，不得已在稻城外数里的地方安营扎寨，以伺战机。

由于物部家确实是兵强马壮，战斗指数极高，以至于屡战屡败的苏我军开始普遍产生了厌战甚至是恐战的情绪，士气也日益低落，所以在第三次被击败后的当天晚上，作为总指挥的苏我马子亲自带人扛着美酒巡视各营，以鼓励士兵卖命作战。

第八章 圣德太子

随行一起的，还有几个王子，比如敏达天皇的儿子竹田王子以及彦人王子等。

然而一帮人走了没几步，苏我马子突然就停住了："厩户王子呢？他怎么没跟着一起来啊？"

厩户王子是用明天皇的儿子，他母亲叫穴穗部间人王女，是钦明天皇和小姐君的女儿，后嫁给大王为妃，小姐君是苏我稻目的女儿，所以这辈分要是这么算下来的话，那么这王子就应该是苏我马子的舅孙子。

还有一种算法就是厩户王子后来有个老婆叫刀自古郎女，她是苏我马子的女儿，要按这种算法的话，那么王子得称马子一声爹了。

当年日本贵族之间的人际关系挺乱的，想要彻底弄明白谁该叫谁什么比较困难，所以我们只能退而求其次，搞清楚谁是谁就行了。

话再说回战场，且说厩户王子这一年才13岁，小小年纪便披挂上阵，所以舅公马子特别疼他，凡事儿总要牵挂着一两分。

只是厩户王子性格有些怪，似乎是不太合群，自开战以来，每天只要一到晚上，他就会一个人在自己营帐门口的火堆旁坐着，有时候一直坐到天亮，也不知道都在干些什么。恐怕这会儿，应该也正和往常一样，在坐着烤火。

苏我马子叹了一口气，表示你们先在这儿等着，我去叫他。

当他来到厩户王子的营帐前，果不其然地看到王子正在火堆旁，手里似乎还拿着什么东西。

走近了一看才发现是一把小刀和一块木头。

厩户王子正在雕着什么，且非常用心，丝毫没有发现自己舅公的靠近。

苏我马子站了很久，终于忍不住开了口："王子，您在刻什么？"

"四天王。"王子连头都没有抬一下。

"您会刻佛？"苏我马子很惊讶。

在当时日本人的概念里，四大天王也是佛的一种。

"曾经有缘，拜会过佛像。"王子依然埋着头。

"战阵之中，刻佛又有何用？"苏我马子伪教徒的秉性不由得开始暴露了。

"刻完之后，我会对佛像祈祷。"

"祈祷什么?"

"我方如若能胜，那我必然用下半生一心侍奉佛祖，并在倭国大地上用心传播佛教。"

厩户王子还是低着头在那里用尽力气一刀一刀地刻着，渐渐地，那块木头上出现了模糊的五官面容以及四肢躯体，再渐渐地，这模糊的一切开始变得清晰了起来。

而慢慢地，这清晰的佛像又成了模糊的一片。

那是苏我马子的眼泪。

虽然苏我家父子两代人引进佛教说到底不过是为了自己的政治利益，但毕竟两人也曾经都是读过佛经也拜过佛祖的人，要是撇开一切不谈，真的让他们在神道教和佛教中间选一个真正属于自己的信仰，那么这两人选的也必然是佛教。

用一句比较狗血的台词来解释的话就是在长期打着佛教幌子宣传佛教的过程中，苏我马子本身已经不知不觉地、潜移默化地信上了佛祖。

所以当他看到一心刻佛的厩户王子，便自然而然地被感动了。

"王子如此诚心，定会得佛祖庇护，我们此战必胜!"

"嗯!"厩户王子终于抬起了头，满脸的笑容。

他就是后来的圣德太子。

圣德太子在日本历史上的地位基本类似于中国的秦皇周公，属于那种开创了一个时代的伟大人物。

此人生于公元574年，话说在他出生的当天，母亲穴穗部间人王女正在庭院中散步，突然间就感到腹部阵阵剧痛，感觉不妙的她立刻疾步往产房方向奔去，但可怜的是才走了一半的路便羊水破裂倒地不起，等到侍女奴仆闻讯赶来，孩子早就呱呱坠地，且都已经是哭了好一会儿了。

万幸的是神灵保佑母子平安，而且巧合的是，穴穗部间人王女生下孩子的地点，正好是在马厩边上，于是这孩子便以地取名，称厩户王子。

厩户王子自幼便表现出了聪明过人的一面，不到10岁，他就能同时和30多人一起谈话，而且绝对不会弄乱顺序，甚至和谁在一起谈了些什么之类的事情都能牢牢记在脑中，所以在当时就有民间传闻，称这个王子不是凡人，很有可能是观世音菩萨下凡转世。

总之就是个神童，非常有前途的神童。这次打仗，据说也是他主动请缨，要求上战场跟有灭佛之仇的物部守屋刀枪相见，因为态度坚定，所以苏我马子也拗不过，只得带他一起扛着家伙出了门。

说来也巧，在厩户王子手上的那四尊佛像刻完之后，正好轮着了苏我军的反攻时节。本来人数就不多的物部家最终没能扛住，被彻底击溃，总大将物部守屋也被厩户王子手下侍卫迹见赤檮一刀砍死，物部一族的人亦多被杀死，幸存下来的则隐姓埋名远走他乡，就此，这一名声显赫的超级豪族便消失在了日本的历史长河之中。

·史无前例的天皇暗杀行动

物部家灭亡后，领地和奴隶大多都归了苏我马子所有。

对于这场大胜利，马子将主要功劳都归于佛祖，认为全靠佛祖保佑，所以战后不久，他便在倭国各地大兴土木造庙建寺，将佛教发扬光大，以便普度众生。同时，马子也没忘了个人志向，因为物部家倒台，所以苏我家在朝廷里等于成了一个无可撼动的存在，而苏我马子更是成了一个集天下几乎所有大权于一身的重臣，势力远超当年的物部家，即便是崇峻天皇，看到马子也得让他三分。

所以崇峻天皇不高兴了，他认为自己才是倭国的大王，凭什么要让苏我马子坐大。

只是要论实力的话他又不是人家的对手，看着马子一天天地骄横跋扈，再看看自己越长大越孤单，崇峻天皇的愤怒之情终于再也按捺不住了。

然而，相当遗憾的是，这位大王泄愤的方式，仅限于过嘴瘾。

话说公元592年的秋天，有猎人猎杀到了一头罕见的野猪，据说这头猪的身材极为庞大，已经到了全村足够吃半年的地步，故而一时间众猎户皆视之为神兽，不敢私吞独享，而是将其献给了伟大领袖崇峻天皇。

当崇峻天皇在一干人等的陪同下前来观摩肥猪赛大象这一奇观的时候，

意想不到的情况发生了。

这位年轻的大王突然从腰间噌的一声抽出了护身短刀，然后一跃而起跳到了猪尸上，一手抓住野猪的獠牙，一手举刀对着猪眼睛就是一阵猛刺。

一边刺一边还发出了震耳欲聋的怒吼："捅死你，捅死你，老子捅死你！"

手下一看这情形还以为是大王犯了魔怔，连忙围上前去夺下刀子，再把人从猪身上给拖了下来，并纷纷劝说道大王这猪已经死了，您不用捅它也已经死了，所以您就淡定点别瞎忙活了。

在大家的抚慰下，激动不已的崇峻天皇才又渐渐恢复了平静。

接着，他仰天长嚎了一声道："什么时候，寡人才能像捅死这头野猪一样，把寡人所痛恨的那个畜生给活活捅死啊！"

众人一看这哥们儿似乎又要犯病，连忙再劝，说大王这猪本来就是死的，不是您捅死的，您千万别太激动，激动伤身。

劝着劝着，突然心里都咯噔了一下。

因为大伙觉得，崇峻天皇话中有话。

很快，此事被传到了那天并不在场的苏我马子耳朵里。

马子是个聪明人，他当然明白崇峻天皇想要像捅死野猪一般捅死的那个畜生到底是谁。

他决定先行动手。

这一年11月，苏我马子上奏崇峻天皇，说关东地区有人感大王圣德，特地献上特级绸缎一批，并且还自费弄了一个类似于献宝大会一样的活动来宴请群臣，希望大王也能赏个脸，到时候出席一下。

崇峻天皇并未多想便同意了，毕竟在那个年代，天皇虽然是神的代言人，可还不算太过脱离群众，更何况又有野猪的先例，让他坚信不疑这只是一次单纯的献宝活动。

到了活动当天，崇峻天皇带着为数不多的几个侍卫走进了活动现场，随后，他并没有看见传说中的特级绸缎，迎面走来的，是一队全副武装杀气腾腾的武士，为首的那个崇峻天皇见过，他叫东汉驹（一名直驹），是苏我马子的部下。

东汉驹是来干吗的，我想不说大家都知道。

崇峻天皇最后的下场其实也不必多说，是人都知道想必是相当悲惨的，事实上也确实如此，他还没来得及开口问上一句说好的丝绸哩，便被扑面而来的东汉驹给白刀进红刀出地当胸透了一个窟窿。

其实这事儿说大也不大，因为这位大王讲到底不过是苏我马子扶植的一个傀儡而已，就是个活着的木偶，玩坏了就再换一个，仅此而已。

有必要多说一句的是东汉驹这个人。

东汉驹，姓东汉，名驹。名是父母取的，叫什么都不新鲜，所以我们忽略不计，单单来聊聊这个姓。

作为一个会中文的中国人，看到东汉二字，首先想到的八成是由光武帝刘秀于两千年前建立的那个王朝，因定都于洛阳，所以称之为东汉，与高祖刘邦建立的那个西汉相区别。

事实上，东汉这个姓，正是和东汉王朝有关。

话说当年东汉献帝刘协禅位于曹魏高祖文皇帝曹丕之后，东汉便宣告灭亡，而刘协本人虽说是被封了山阳公留了一条命，可他的一些后人则因为怕魏国朝廷日后旧账重提引来杀身之祸，便纷纷选择了隐姓埋名远走他乡的方式来保命，其中有一群人，先逃去了朝鲜，再跑到了日本。

到了日本的那群人里为首的叫阿智王，这个称呼和秦家弓月君的那个通融王属于一个性质，或许是封王或许就是本名，反正谁也搞不明白。但不管是阿智王还是阿智大王，这拨人都改了一个统一的姓——东汉，这是为了表明自己不忘祖宗。

东汉氏和秦氏后来在日本历史上被誉为渡来人之双璧。

此姓和秦氏一样，杰出的后人也有许多，比如日本史上第一位征夷大将军（不是幕府将军）坂上田村麻吕，再比如战国时代著名武将，人称独眼龙的伊达政宗的正室夫人田村御前，都是东汉氏的传人。

总之，这次在日本史上被判定为"史上唯一一例能够确定为由臣下暗杀天皇"的事件，其本质说白了就是汉献帝的后代跑日本去把日本的天皇给捅死了。

只能说，同一件事情换个角度来看实际上就会变得很有趣。

·超越的第一步永远是模仿

再说那崇峻天皇死后的第二年（593年），在苏我马子的一手安排下，又一位新大王被扶上了宝座。

此人的上台让众人大跌眼镜，因为她不是别人，正是炊屋姬，日本史上第一位拥有天皇名号的女性——推古天皇。

虽然几百年前就有卑弥呼和台与这两位女王的先例，但那怎么说也是遥远的上古时代，而且那两位怎么说也是一代女巫，法力通天，可现如今要再立一个除了长得漂亮就看似一无所长的女王，恐怕实在有些莫名其妙。

但苏我马子这么做当然有他的道理：首先炊屋姬是自己的外甥女，跟自己关系又非常好，所以掌控起来比较方便；其次炊屋姬是个比较清心寡欲的女人，对政治并无多大兴趣，所以掌控起来比较方便。

总结起来一句话：掌控起来比较方便。

当然，苏我马子心里明白，自己作为一介相对于王族而言的外人，若是如此把持朝政大包大揽的话，那不光明面上看着不好看，背地里也必然会招致其他人的记恨。虽说目前自己权势无边，可保不齐哪天脚底一滑就跌了下来，然后千人踩万人踏最后死无葬身之地；抑或是哪天上朝迎面就碰上一个热血之士二话不说上来一刀为国除害，那岂不是就全完了。

为了防止各种因权势过大而引发的种种不测，马子决定另立一个摄政，由王族中人担任，名义上是和自己一起帮助女王处理政务，但实际上也就是个幌子，用来堵群臣之口而已。

所以这个幌子的人选就很有讲究了：既不能太过弱智，不然一看就知你在玩儿虚的，反而会造成反效果；可又不能老成稳重神机妙算，否则被他这么两算三算的把自己都给算得完蛋了。这个所谓的摄政，既要跟苏我马子关系近，又要有相当高的名望，但却必须得如孙悟空一般怎么翻腾都翻不出马子如来的手掌心。

选来选去，这样的人当时有且只有一个，那便是厩户王子。

这孩子聪明过人，前面说过；无论在朝中还是民间都有相当的威望，人称观音再世,前面也说过;而且又是苏我马子的舅孙子,同时,这一年他不过18岁,不管怎么聪明怎么有人气,跟时年41岁的苏我马子相比,显然是太嫩了些。

所以,在推古天皇登基之后没几天,便在苏我马子的授意下发了一道旨意,任命厩户王子为摄政。

数日后,又下旨一道,加封王子为太子,也就是王位的继承人。

这主要是苏我马子为了向世人表明自己是真心实意要让厩户王子来当一个实实在在的摄政而非自己的提线木偶的一种手段,可对于厩户王子来讲,这却是一个让自己能够大展宏图,真正实现志向的机遇。

在成为摄政之后的当年(593年),厩户王子便实现了当年在对物部家战争中的誓言。他为了感谢保佑自己战胜敌人的四天王,在摄津国的难波(大阪府)造起了一座规模宏大的寺庙,并取名为四天王寺,简称天王寺。这座庙虽说在后世历尽各种灾难,大修重建了无数次,但终究还是被保留了下来,建筑风格则近乎原汁原味地保留了飞鸟时代的模样,有兴趣的同学去大阪玩的时候可以去看看(绝对不是广告)。

在造完四天王寺之后,厩户王子便以摄政的身份发布了政治生涯中的第一条政令——佛教兴隆诏(署名自然是推古天皇)。

该政令名如其文,就是要在全国范围内广泛地宣传佛教,同时,厩户王子甚至还在海外放出了风声,表示欢迎一切有佛教背景的外国友人渡来倭国移民,待遇一律从优。

俗话说重赏之下必有那啥,就在政策出台的当年,便从高句丽来了一个自称是得道高僧,法名叫慧慈的和尚。此人仙风道骨且谈吐之间颇有红尘参透的佛性,让厩户王子倾心不已,当即就拜对方做了老师,整天也不干别的事情,就是讨论佛法佛经,讨论怎么造寺庙。

对此,苏我马子感到非常满意,因为他要的就是这种结果。

但这一切都不过是表面现象。

其实每次慧慈来给厩户王子上佛法课,往往前面四分之一时间说的确实是佛法,可后面的四分之三则会完全偏题,主要谈论的,是大隋的一些事儿。

这会儿的中华大地已经结束了南北朝时代的分裂，在公元581年由隋文帝杨坚完成南北统一，建立了隋朝。

隋是一个相当强大的王朝，如果横向比较的话，它可谓是三皇五帝以来泱泱中华土地上最为强盛的朝代，要是纵向比较的话，称一声世界第一也毫不为过，尤其是和倭国相比，那更是一个让其望尘莫及的存在。

这也是厩户王子迫切地要求知道发生在这个王朝里的一切事物的原因——古往今来的日本人对于比自己更厉害的事物总有着天生的兴趣。

只不过那个北朝鲜和尚慧慈自己也是个半吊子，虽说自称是踏上过几次隋朝大地学过几次东土佛法，但关于一些详细的事情比如隋朝的官制、隋朝的律法之类，也只是一知半解，但此时此刻身为国师的慧慈又实在不好意思开口说贫僧其实只会念经不懂其他，于是便只能拼了老命地搜肠刮肚，仔细回忆起任何自己曾经接触到的一切关于隋朝的事物，但每次想了半天也就只能想起一星半点，好在厩户王子似乎并不计较信息量的多寡，只是跟小孩子听三百六十五夜故事一样要慧慈有多少说多少，每天说一点儿。

闹到最后慧慈自己也有点儿纳闷，因为他实在闹不明白这大隋的事情有什么好了解的，如果只是单纯地要知道对方的情报动向倒也情有可原，但偏偏这位厩户王子每次问的不是条条框框就是点点滴滴，比如大隋的朝廷有多少当官的啦，在大隋偷一只老母鸡要判几年啦之类。

你不是爱佛法吗？管人家偷鸡作甚？

有一天慧慈实在是按捺不住心中的困惑，于是便开口问了厩户王子。

而王子的答案却让他颇感意外。

"我要以大隋的官制和法律为基础，制定我们倭国自己的制度和律法。"

"但是……"

慧慈一脸惊惶。他本来想说的是您虽贵为王子、太子，甚至还是摄政，可到底不过是苏我马子用来当幌子的傀儡，制定官制律法这种大事，恐怕很难一个人说了算的。但想想这话实在有些伤人，故而虽然开了口但终究还是没把话续下去。

而厩户王子却毫不在意地摆出了一副笑脸："如果老师您有空担心苏我马子，那还不如多教我点大隋朝的法律条文呢。"

慧慈尽管不知王子的这一份自信从何而来，但仔细想了想，觉得这些年经过两人的多次接触，眼前的这家伙天资聪慧不说，平日里为人处世也颇有手腕，或许真有办法对付苏我马子呢，更何况为国家定制度本身也算好事，自己又何必咸吃萝卜淡操这份心。

于是他将手头佛经一放，又继续开始跟厩户王子说起在大隋偷一只鸡该怎么判，摸一条狗得怎么罚。

·冠位十二阶

就这样在两人鼓捣了七八年后，厩户王子的第一个研究成果终于在公元603年新鲜出炉了。

此物的学名叫作冠位十二阶。

所谓冠位，其实就是官位，这东西说白了就是厩户王子制定的一个官制，把全倭国的统治阶级分成了十二个级别。

而具体的分法是参照了六个中国字，从高到低依次是：德、仁、礼、信、义、智。

每个字分大小两级，即最高位为大德，最低位小智。

较之智力而更重品德，非常明显，厩户王子在钻研佛法的同时，也绝没少看儒家的读物。

其中，象征着最高的大德和小德官员，分别佩戴深紫色与浅紫色的冠帽以及身着与冠同色的衣服。之所以最高位要用紫色，这是因为在当时的日本，紫色的染料非常罕见。

至于各级官员如何能从小智变成大德，厩户王子也在制度里写得非常明白——每隔数年根据各人的政绩进行考评，考评成绩优良的，一律晋升。

在这套制度之前，倭国一律采取的是一个叫氏姓制度的世袭制，简单说来就如同中国南北朝时期的世族制度，只要你出身好，便能身居高位，贵族的儿子永远是贵族，奴隶的儿子下辈子还是奴隶，而且对于贵族的划分还划得特别细——即便是贵族之间也有大小之别，小贵族无论怎样拼命，也不可能成为大贵族，不但这辈子不可能，即便是子子孙孙，也永远都没有突破自己级别的希望。

但在厩户王子制定的新制度里,虽说尚未进步到能让奴隶当贵族,但至少大小贵族之间的那道天堑已经在理论上不复存在了,但凡是个官儿,哪怕弼马温,只要努力了,做出成绩了,也能成为齐天大圣。

当然,仅仅是理论上。

实际上,这套冠位十二阶从出台到厩户王子离开人世的几十年里,真正依靠自己卓越功绩实现数级连跳、被破格提拔过的,有且只有一人,此人是谁,我们待会儿就会提到。

除了那人之外,其余的倭国官员,依然都是照着原样,弼马温还是弼马温,吃得再胖也永远都当不了天蓬元帅。

尽管大家可以比较阿Q地自我安慰一下觉得即便是理论上那也是一大进步,可这事儿你要是仅仅就只停留在这种认知程度上,那实在就有点欠考虑甚至是幼稚了。

厩户王子这个人,他既然在后世能够被称之为圣德太子,那么就绝对不可能是一个单纯的口头派,即便说不上有多么圣德,至少也该是个说到做到的人。

可现如今他却堂而皇之地弄了一套表面文章,光说不做,这又是为何?

是他根本就不想做纯粹坑爹,还是有什么其他的原因做不了?

要想弄清这个问题,首先得弄明白的是,厩户王子为何要制定冠位十二阶,说得再透彻点,就是为何要进行这场改革。

其实对于厩户王子而言,所谓的制度改革,不过是一种手段,而他的真正目的,只有一个,那就是让倭国变得强大。

至于到底要变得多强大,那自然也是明摆着的——要与一水相隔的隋王朝并驾齐驱。

这也就是他挖空心思要知道隋朝的一切的最大原因:先了解对手,再学习对手,最后超越对手。

但是,正如古往今来一切改革一般,这种事情,势必会引起反对,遭到阻力,而站在厩户王子对面的反对派,不是别人,正是他的舅公苏我马子。

早在佛教传来的时候我们就已经说过,苏我家绝非是什么开明的改革派,他们引入佛教的唯一目的就是想借宗教的手段满足自己的政治需要。现在他们得到了一切自己想要得到的,于是自然而然地不会再容忍任何让自己利益受损的情况出现,厩户王子提出的这套冠位十二阶一旦付诸实行,那么很显然苏我家的地位便不再会长久,别看今天蹦得欢,明天很有可能就直接拉你清单——从大德掉到小智。

苏我马子要是真能让这套东西推行下去,那他就是弱智。

其实也别说推行了,就算颁布,马子都不想让这玩意儿颁布。

但是,这个他还真做不了主。

因为厩户王子这边有一个强力的援军,那便是推古天皇。

炊屋姬虽然是个清心寡欲的女人,但并不代表她没智商,事实上往往越是清心寡欲的人越是心如明镜,而那些利欲熏心的人倒常常都是傻蛋的代表。

炊屋姬很清楚她的那位舅舅大人到底在想些什么,实际上她在当政期间,也不止一次地跟苏我马子唱过反调,可跟上一任崇峻天皇不同的是,这个女人即便是唱反调,也唱得相当有水准。

例如曾经有一次苏我马子看中了一块王室的领地,便不拿自己当外人地跑去找外甥女伸手讨要,然后理所当然地被推古天皇给拒绝了,而马子的脸色当时便立马变得难看了起来。

眼瞅着一场暴雨兴许就要来临,女王连忙换上了美丽的笑容,说道:"虽然您是我的舅舅,但正因为如此,这王家的领地才不能送给您,因为若是我不分公私地把土地给了您,那么千百年后,您可想过人们会怎么评价我吗?而在评价我的同时,您又想过他们会怎样评价您吗?"

因为苏我马子显然还没到达只贪眼前物,不计身后评的境界,故而连忙表示,自己纯属一时脑热,这地女王陛下您可千万别送我,您要送我我当真跟您急。

而这次的冠位十二阶,也正是在推古天皇的大力支持下才能得以见天日的,苏我马子虽然心中有两万分的不爽,可事到如今想要把这部官制给抹杀掉是肯定不可能的了,他唯独能做的,就只有从中作梗——不是要做考评么？老子身为倭国首席大臣，自然是考评的主考官，这些官员谁该升迁该怎么升迁、谁不该升迁该一辈子端茶送水，还不是老子说了算吗？

这么一来，那部冠位十二阶，也只能非常遗憾地成为了一部仅仅停留在理论上的制度。

然而，巨大的阻力并未阻止厩户王子改革的步伐，就在冠位十二阶颁布的第二年（604年），他的第二个研究成果也被摆上了台面——《宪法十七条》。

这是日本有史以来的第一部法律。当然，仍旧和中国脱不了关系。

这部总共拥有十七款条文的律法全部由汉字写成，同时大量借鉴甚至可说是大量山寨了隋朝的同类作品，此外，整部宪法里还充斥着满满的一堆儒家思想。

比如开篇第一条就是八个字：以和为贵，无忤为宗。典出《论语》，礼之用和为贵。

除了这种光明正大地伸手拿来用的外，还有第三条：有诏必谨，君则天之，臣则地之。这是日本历史上第一次把国王的政治地位用文字的方式拔高到无上的地位。显然，是受了三纲五常的影响。

此外还有第四条：群卿百僚，以礼为本；第六条：惩恶劝善，古之良典；第九条：善恶成败，要在于信；第十二条：国非二君，民无二主。

具体的十七条因篇幅关系就不一一列出并讲解了，但从上述的几条随手拈来的例子中你便能发现，这部宪法的几乎每一条每一款，都或充斥着儒家的学说气味，或多多少少都能跟儒家扯上一点关系。

而制定这部律法的直接目的，则是在官位制度之后再确立一个政治制度，一个以倭国君主为核心、群臣百姓皆围绕着转悠的政治制度。

说句心里话，这还真的挺有儒家那君臣父子一套的模样。

同时，这律法不光是为了推古天皇考虑，更是为了厩户王子的未来着想——因为他是太子。

所以女王再次表示了大力支持的态度。

至于苏我马子那边，厩户王子也不是没考虑到，在《宪法十七条》里，第二条的内容是奉劝百官笃三宝，也就是要求大小官员都得敬重佛教。

这一条的出现在很多后世的学者看来，是因为厩户王子本人乃一介虔诚的佛教徒。

其实个人觉得似乎并非如此，厩户王子信佛这个不假，但这仅仅是他的个人宗教信仰，绝非政治信仰，这位圣德太子绝对不会走到把两者搞混的地步。

其实想想也该明白了，既然要把倭王捧到一个无上的境界，那显然就应该用神道教而非佛教的手段才对啊。毕竟倭王可是神道教中神的代言人，跑到佛教里就他那地位估计连净坛使者都赶不上。

事实上十七条宪法中的这第二条，纯粹是写给苏我马子一人看的，作用是给他一个台阶：你不是信佛吗？你不是打算以佛谋政吗？那就给你一个机会给你一个空子，至于你能不能把握能不能钻，那就全凭你的本事了。

苏我马子虽然知道自己纵然本事再大也未必能抓住这种机会，但眼下失去了女王支持的自己，其实在厩户王子跟前是处于劣势的。

所以他能够做的，就是跟冠位十二阶出台的时候一样，先假装一团和气以和为贵地承应下来，然后再事后慢慢地搞破坏。

就这样，这部《宪法十七条》在推古天皇、厩户王子以及苏我马子三人一致通过的状态下，被推了出去，并引起了倭国上下一片如海浪狂涛般的好评。

定完官制，写完宪法，厩户王子便顺理成章地开始了下一步计划——将目光投向了西边。

当然，他并没有傻到以为有了官制跟律法倭国便已经达到了隋朝的强大。所谓把目光投向西边，也仅仅是打算搞一次外交，其用意，说穿了就是摸摸底，毕竟迄今为止关于隋朝的事情不过都是道听途说，那地方真正的强大，还得让人亲眼去看一看，体验一回才行，顺便，再掂量掂量统治着这个庞大帝国的君王到底有几斤几两。

于是，继天监元年（502年）倭王武的使者之后，阔别一百多年的倭国官方外交人员又将踏上中华大地，而厩户王子这位近乎神佛，拥有超强实力的家伙，也将隔海站在隋朝皇帝的跟前。

两国之间的大戏,又将拉开帷幕。

这将是一场前所未有的精彩剧目,因为这一回倭国人的对手,也绝不是一盏省油的灯。

第九章　小野妹子

· 叫妹子的未必都是女的

公元607年7月3日，倭国使者抵达隋朝首都长安，得到了当朝皇帝的接见。

这次往来总体而言比较奇葩，无论主家来客还是会见的过程，都透着一股比较浓郁的奇葩气息。

主人家是隋朝的第二代同时也是末代的皇帝隋炀帝杨广。

此人在中国历史上那基本就是昏君和暴君的代名词，评价通常不外乎人渣畜生禽兽这样的字眼，虽说是情有可原，但也着实有失公正。

杨广这个人吧，不着调的事情确实干得比较多，但在不着调之余，他也同时具备了很多明君的品质：充满智慧，富有谋略，性格豪放并且大气。

在杨广一生所做出的无数政绩中，光是开创科举和修建运河这两条，就足以让他功垂千秋，但史学家在评价一个帝王的时候，似乎更喜欢着眼于一些阴暗面或者说并不看重他做成了些什么而是更看重他做失败了哪些，故而隋炀帝在历史上能有此评价，也就不足为奇了。

其实想想也就该明白了，在天下纷乱四起，王朝统治岌岌可危的时候，一个并未像其他皇帝那样或惶惶不可终日或寻死觅活要自绝于人民，而是一边照着镜子一边摸着脖子，然后微笑着说了一句"好头颈，真不知该由何人砍断它"的家伙，怎么可能是泛泛之辈？

以前在看Fate/Zero①的时候，觉得里面有一句话说得非常有道理："正因为是暴君，所以才是英雄，对自己统治结果感到后悔的，不过是昏君罢了。"

倭国派出的是一个使节团，总人数几十来号，带头的，是一个在冠位十二阶中身居大礼的家伙，名叫小野妹子。

值得一提的是，此人的性别为男。

这也正是他的第一个奇葩之处。事实上后来日本历史圈内还专门搞过一个研讨会，研究讨论如此一个大老爷们儿为何要起名叫"妹子"，但时至今日也没论出个结果来，已然成为了千古之谜。

第二个奇葩的地方就是这个小野妹子真的非常可疑，身为一介男人，他不爱武装爱红装——几乎不怎么碰刀枪剑戟，而是对侍弄花花草草情有独钟，并且还玩出了很多花样，比如拿红花来配绿叶，用百合来装饰菊花，等等。而经过他的那双灵巧的手，很多原本看起来毫不起眼的小花小草，倒也被搭配得有模有样，放在房间里让人看得心旷神怡，跟喝了蜜糖一般心里甜滋滋的。

这便是日本花道的由来。

在今天，小野妹子一般被认为是这一文化艺术的创始人。

使节团团长小野妹子这次来长安的主要目的是递交一份由厩户王子以推古天皇的名义亲笔写就的国书。虽说他并没看过具体内容，但在出国之前，王子已经告诉了妹子，在这份书信里，除了客套话还是客套话，几乎没有任何干货，所以当杨广接过信封的那一瞬间，小野妹子也顿时如释重负，站在一旁摆出了一脸"完成任务"的轻松相。

然而万万没有想到的事情却发生了。

那封信到了隋炀帝手里才看了两秒不到，杨广突然就脸色大变，一拍跟前的龙案，怒吼道："混账东西！"

---

①*Fate/Zero*（命运之夜前传）是日本游戏及动漫作品*Fate/Stay night*（命运/守护之夜）的前传小说。

第九章　小野妹子

·日出之国拜会日落之国

小野妹子的第一反应是虎躯一震，一颗心被吊了起来。

难不成厩户王子坑了自己？表面上说信里都是客套话，但实际上却夹杂了私货，比如把隋炀帝家的亲属都给问候了一遍什么的。

可就算那样也不对啊，这隋炀帝才看了一眼就暴跳如雷，总不能开头第一句的问候语就是敏感词语吧？

身在异乡为异客的妹子又惊又疑，但他知道自己这会儿再这么傻站着一言不发不但会给倭国丢人，同时也会有触怒天威导致小命不保的危险，于是便硬着头皮强作镇定地问了一句："皇帝陛下，这信中有何不妥？"

"拿给他，让他自己看！"隋炀帝把信往地上一甩。

在接过由边上太监递过来的国书之后，小野妹子立刻瞪圆了双眼仔仔细细地精读了一遍。

读完之后他才明白，原来厩户王子真是一个诚实的人。

这封信里确实除了客套话以外就再也没有其他的了。

于是妹子又将那充满着疑惑的圆圆的双眼转向了隋炀帝。

"难道你看不出你们家主子该死在何处吗？！"

整个殿堂里一片寂静，小野妹子的眼神更是从疑惑变成了惊恐。

莫非是因为这篇文章太过空洞无味没有写出真情实感，才导致对方龙颜大怒？

可厩户王子跟隋炀帝哪来的真情实感啊？总不能开头第一句写上亲爱的广广我想死你了吧？

不对不对，这是国书啊！国书不都是这样有事便说事没事空对空的吗？

胡思乱想却不得其解的小野妹子突然有了一种想要号啕大哭的压迫感。

等等。

他突然把目光落在了开头的第一行字上面。

"日出处天子致书日没处天子无恙。"

日出处，也就是日出的地方，通俗讲就是东方，即倭国；日没处，显然说的就是位于西面的隋朝。

这句话的意思说白了就是倭国天子问候大隋天子。

难道……

"蕞尔小邦，敢称天子？！"隋炀帝铁青着脸，"你们该不是想造反吧？"

天无二日，国无二君，自秦始皇时代起，在天朝上邦的中华帝国眼里，所谓的天子也就是皇帝，绝大多数情况下都有且只能有一个，其他的邻邦永远都是附属，可以称王，但绝不允许称帝。

这叫作坚持一个皇帝原则，属基本国策，决不动摇。

现在倭国人公然提出一倭一隋，悍然挑战大隋皇朝的外交底线，实在是是可忍孰不可忍，更何况此事若是一开先例，以后的日子还过不过了？

然而，隋炀帝在愤怒的同时却也有了一丝疑惑：这小小的倭国哪来那么大胆子，就敢在老子跟前称皇帝？难不成是疯了？

而且还自称日出国，说老子是日落国。

怎么着，听你这意思好像是你上游我下游然后你撒了一泡尿我还得就着泡茶喝不成？

小子欸，给爷等着，有的是收拾你们的时候。

虽然现在不行。

眼下隋朝的外交政策主要是针对北面高句丽的，因为那地方不但时常流露出各种对大隋的不臣之心与不服之情，而且还四处骚扰百济和新罗以及辽东边境，直接对隋朝的国家领土产生了威胁。

所以隋炀帝一直憋着想给那帮不知好歹的家伙们来一两下子，多年来都处于准备状态中。

也就是说，目前的隋朝除非腾出手来搞两线作战，不然根本就拿活蹦乱跳的倭国没辙。

而两线作战一般是国家外交的大忌，如无大事断不会这么弄。

当然，该情报早就被倭国方面给掌握了。

于是隋炀帝对厩户王子擅自为推古天皇加封天子称号一事的答复只能是强压心头怒火，表示这次看在你们是未开化蛮邦的情况下就饶你们一回，朕亲自修书一封，你拿去给你们倭王看，以后切莫有这种大逆不道的想法了，不然就别怪刀枪无眼了。

不过,虽说这次你们把朕给惹毛了,但大隋和倭国之间总归友好是主流,所以这次我们大隋方面也会派出一名专使和你一同去倭国,会见一下倭王,以增进两国感情。

小野妹子一听连忙跪下磕头谢恩。

·有时候平等是要拼了命去争的

使者的名字叫裴世清,时任鸿胪卿掌客,其实就是专门负责外交接待的高官。

不管怎么说,该交的国书已经递交了,该拿的回文虽然还没写好但也肯定能拿着,而且对方连回访的使者都已经安排妥当,故而这次出国访问,至少从表面上看,算是功德圆满了。

但实际上小野妹子明白压根儿就不是这么回事儿,真正的苦难才刚刚开始。

不过此时他也没什么好说的,只是冲杨广行了个大礼,转身结束了这次会见。

看着告辞离去的小野妹子,隋炀帝只是轻蔑一笑:"不知天高地厚,也想妄称九五。"

在他看来,倭国之所以自称天子,不过是纯属想威风一下的冲动之举,说难听点儿就是猴子看到人戴草帽也想弄一顶来比画比画。

他错了,而且是大错特错。

日本人又不傻,怎么可能因为一时的激情而跑长安去踩中国人的底线过嘴瘾?

自称天子,那绝对是蓄谋已久的事儿,而且少说也是数代倭国统治者代代相传的一个心愿,换言之,这步很大的棋从准备到走,至少也盘算了百多年。

回顾之前南北朝倭五王的那段,我那会儿就说过,自打从刘宋那里得到了都督南部朝鲜半岛诸国军事权的名分之后,倭国对中国的外交方针就开始发生了相当微妙的变化。在此之前主要是来朝贡，在那之后则每次来都必定有自己的目的，也就是办事儿来的。

请不要忽略这种变化。

倭国外交方针的变化，说明他们对中华朝廷的外交政策，已经从原来的藩属对宗主国的讨好渐渐演变成为了对等的国与国邦交，至少在态度上是这样的。

当年的中华帝国，对于倭国来说，确实是一个至高无上的存在，用家族关系来讲，中国基本算得上是日本的爹。而数百年过后，随着日本自身的不断强大，对中国情形的不断深入了解，原先笼罩在对方身上的那圈亲爹光环也越发暗淡，而且日本人自己也不愿意总跟在别人屁股后面亲爹亲爹地叫，他们想寻求的，其实是一种互相尊重的对等外交，也就是想把中国当成自己的兄弟，中国是兄，日本是弟。

其实这个想法平心而论并没有错，首先双方同文同种且一衣带水，称一声兄弟并没有什么不妥的地方。

其次国家和国家之间的交往本来就应该建立在平等的基础上，那种卑尊屈膝地谄媚对方是慈父亲爹又把自己贬为儿皇帝的攀亲做法，哪还能算得上是"友好"？

这就跟人与人相处是一个道理，能够把你当兄弟看待的朋友才是真正的朋友，一个天天称你干爹或是要你认他做干爹的人，你会把他当成朋友么？你敢把他当朋友么？

于是我们完全有理由说一句，厩户王子的那封将推古天皇称为天子的国书，绝对不是对中国的无礼之举，它最多是反映了当时倭国人或者说厩户王子本人想要努力把自己的国家建设成为一个不输给对岸中华帝国的强盛大国的期望罢了，这种想法当然没有任何过错，故而所谓的沙文主义肾上腺素也完全不必在此爆发。

虽然隋炀帝并不打算跟倭国做兄弟。

数日后，小野妹子再次进了王宫，并且收到了杨广亲笔写好的回信。

回到驿馆，他偷偷将其打开，想看看上面到底写了些什么。

结果才看了一眼，妹子就傻了。

因为在这封回信里，第一行第一句是这样写的："皇帝告倭王。"

皇帝，当然是杨广，倭王，则是推古天皇。

完全一副居高临下的亲爹姿态。

此外，该信通篇的格式，也严格遵照了中国历来皇帝写给诸侯文书的格式，同时文中措辞比较激烈且态度相当强硬，大有一副倭国国王欠他多还他少的架势。

情知坏了菜的小野妹子一连几宿都没睡好，绞尽脑汁在那里想对策。但不管他怎么想，都没能得出个所以然来。

这一年8月，在隋朝使节团的陪同下，小野妹子踏上了回国的路程。

使节团的团长是裴世清，之前已经提过了。

裴世清跟杨广完全不是一类人，这家伙比较乐善好施，跟谁都能走得近，跟谁都能自来熟，估计也正是因为这样，皇帝才会安排他做外交官接待那些小邦附庸的使臣。

一行人于当月末抵达了倭国首都飞鸟，然后受到了最高规格的接待。

据说那天厩户王子先是派出了两百名骑兵作为先头，出城数十里前来迎接，然后一路上设置仪仗队，敲锣打鼓地欢迎大隋使者来倭。

当队伍抵达王城正门，早已等候多时的厩户王子身着紫色绫罗，率百官行汉礼，一字排开地前来恭迎，裴世清一看这阵势，也连忙下了车驾，走上前去行礼答复。

两人见面，厩户王子似乎显得特别高兴，一边作揖一边就说："听说大隋在我倭国西方，乃名扬四海的礼仪之国，而我倭国乃一介蛮夷，偏居海隅，不识礼仪，孤陋寡闻，以至久不相见。今贵客远来，特意清扫道路，装饰馆会，以待大使，希望听到来自泱泱大国的文明教化。"

虽说这话听着就知道是客套，但厩户王子的演技相当不错，整个人都是一副"远方的亲人啊！小哥哥我总算把你盼来了，嘿巴扎嘿"的腔调。

而那边的裴世清毫不示弱，也非常淡定地吐出了一套官话："我大隋皇帝的威德与天地同高，恩泽遍流四海，并以王道开化诸邦，故特地派遣我来你这里宣旨传谕，递交国书。"

两人一番空对空之后，厩户王子表示这八月的艳阳天热得很，我们家大王早已准备好了国宴，要不进去边吃边聊？

裴世清显然没有站在大门口晒太阳的癖好，于是一帮人便在王子的带领下，来到了宫殿之内。

虽说是倭国的国宴，但无论是用的锅碗瓢盆还是席间侍者们的穿着打扮，都是百分百地从中国给学过来的，尤其是锅碗瓢盆，几乎就是清一色的原装进口，这让裴世清充分感到了一股清爽的家乡气息。

此外，最让他中意的，则是摆在自己面前的餐具——筷子一双，勺子一把。

陪同在座的倭国君臣们，也使用着同样的家伙。

这就表明至少从那时候起，日本的上流社会就已经普遍把筷子当成了日常吃饭的工具了。

·失踪的国书

国宴过后，裴世清与推古天皇进行了更为深入的亲切交流，双方你来我往地将客套话艺术发挥到了极致，虽说陪同在旁的厩户王子心中不时会掠过一丝疑惑：说好的国书呢？

而裴世清似乎是看出对方在想什么，所以在跟美丽的女王欢声笑语的同时也不忘顺道一提："这次我大隋的皇上有亲笔国书一封，特地要我呈给殿下。"

推古天皇点点头，说那你就呈上来吧。

裴世清摇摇头："国书交给了小野大人，应该在他手上。"

然而小野妹子这时候并不在场，其实他连国宴都没参加，目送隋朝使节团进了王城之后便找了个借口回家去了。

推古天皇表示反正也不差这一会儿，干脆明天再说吧。

此时厩户王子站了起来，说自己这几天身体一直都不好，现在正襟危坐了那么久，实在是挺不住了，大王您看是不是能让我先去歇着？

在得到批准之后，王子迅速赶回了自己的寝宫，然后差人以最快的速度去了一趟小野家。

很快，小野妹子就来了。

厩户王子非常开门见山，人都还没坐下他就问道："国书呢？"

小野妹子倒也快人快语："掉了。"

厩户王子一惊："什么？"

"掉了。"小野妹子还进一步做了解释，"就是没有了。"

身为外交使节，把对方皇帝亲笔写的国书给弄丢了，这放在哪个国家都是要杀头的大罪。

但小野妹子的脸上却丝毫看不出一丝的惊恐："在路过百济的时候，我们遭遇了山贼，国书就是在那个时候被抢走的。"

这帮人的行程路线跟几百年前邪马台的使者们基本相似，也是从长安出发走陆路抵达朝鲜半岛南部，然后坐船过海到九州，再走陆路来到大和。

在听了对方的说法之后，厩户王子的脸色非常平静："你在骗人吧？"

小野妹子摇头否认："在下不敢。"

"你应该已经事先看过那封国书了吧？里面都写了些什么？"

对面一阵沉默。

厩户王子顿时明白了一切，脸上露出了一丝笑容："你立功了。"

说完，他便离开了小野家。

第二天，推古天皇和厩户王子一起再度接见了裴世清，在双方交流的过程中，厩户王子表示，那封国书自己已经和大王共同认真拜读过了，写得情真意切，非常感人，通篇都充满着大隋希望跟倭国友好千万代的真诚。

裴世清则嘴角略显抽搐，羞涩一笑之后，表示我大隋自古便是礼仪之邦，搞外交讲究的正是一个诚字，这国书是我们皇上用心写的，你们若是看了觉得满意，那便再好不过了。

此后不久，小野妹子从大礼提升到了大德，这也便是前面所提到的那个冠位十二阶里唯一一个被破格提拔的例子。

为什么？

为什么把国书弄丢了非但不用掉脑袋坐牢反而还能升官？

这当然和那封国书有关。

之前我们已经说过了，隋炀帝的亲笔国书，内容相当的不友好，而且也完全否认了厩户王子所提出的"日出国天子日没国天子"的论调，如果这样的一封玩意儿被送到推古天皇的手里，你觉得会发生什么？

推古天皇首先当然会很不爽。

而在不爽之余，这位女王又会做些什么？

很明显，这是一次外交事故，肯定要找事故责任人出来问话。

这个责任人，显然就是写倭国国书的厩户王子。

本来嘛，你要是老老实实按照惯例写上倭王拜会大隋天子之类的话，也不会出什么状况，可你偏偏要标新立异地跟人称兄道弟，搞一个大新闻，弄什么一倭一隋，两个皇帝，结果被人家骂上门来，而且骂的还不是你，是女王，你说你能推卸这个责任吗？

此外，即便是推古天皇本人心胸宽大不打算追究，可这隋朝的国书并非秘密文件，不消多日必定会让整个倭国朝廷都知道其中的内容，你觉得你的政敌们，比如那位苏我马子，会放过这个打压你的绝好机会么？

以马子的那种阴险性格，当然是没可能网开一面，多半就会在朝堂之上公然叫嚣，说一些诸如厩户王子身为摄政却不顾大局，一支秃笔胡喷乱涂让大王蒙羞，着实罪不可赦之类的话。

这样一来，推古天皇即便不想追究，却也不得不追究了。

而且，更要命的是，因为长期以来中华大陆都是倭国名义上的宗主国，所以这次隋炀帝的这封骂娘国书要真的被公开了，很有可能就造成女王自身的地位动摇，这事儿往小了说，那就是可能会引发王位更替，要往大了说，便真的是要天崩地裂了。

而现在国书突然就掉了，没了，不复存在了，这等于就是说刚才我们假设的那一切糟糕情况都不会发生了，同时也会在倭国朝堂里营造出一种"我们大王跟大隋自称天子大隋似乎也没啥反应嘛"的假象，从而使得推古天皇和厩户王子的地位不降反升，尤其是捉刀的后者，那更是赚足了人气，为自己日后被冠以"圣德"二字的称号打下了坚实的基础。

你说小野妹子的功劳能小吗？

至于大洋对岸的隋朝，那则是结结实实地吃了一个哑巴亏。

对于国书丢失一事，裴世清未必不知道，可他就算知道了又能如何？

第九章　小野妹子

既然厩户王子已经当着推古天皇的面告诉他这封信写得很好很生动，那么纵然知道信中内容的裴世清也就只得当对方是真的很满意很感动，他总不能傻乎乎地追问一句说这信里明明都是骂你们的话，你们怎么还会满意呢？

那就纯粹是在给自己添堵了。

面对倭国的装傻，老牌外交家裴世清明白，自己唯有跟着一块儿装傻，才是上策。

而隋炀帝则更悲催，哥们儿那封用满腔怒火锻造而成的国书就这么被小野妹子在半道儿上给擦了屁股，等于就是一拳砸在了棉花上，并且他还没辙。前面已经说过，此时此刻的隋朝，真正的外患是东北面的朝鲜半岛，形势紧张到了已经要用兵的地步，倭国虽然搞了各种花花肠子，但也终究是花花肠子，还没形成实际上的威胁。

于是，该次事件的本质，实际上就成了倭国跟隋朝自称天子，而隋朝却默认了。

啥？你说隋朝反对并且还写了一封严正交涉的国书？

那么国书又在哪儿呢？

有个成语怎么说来着？对，死无对证。

所以总的来讲，这又是一次日本在外交史上的大胜利——在有史以来第一次谋求与中国平起平坐的对等地位的行动中，他们做得相当成功。

在国书风波之后，小野妹子又出访过一次隋朝，据说那次也带去了一封厩户王子亲笔写的国书，这一回倭国人依然没有学乖，虽说是没再提什么天子不天子，但却弄了比天子更狠的一个称呼——天皇。

原话是这样的："东天皇敬白西皇帝。"

东天皇，指的是倭国大王炊屋姬。

非常离奇的是隋炀帝看了居然一点儿都没生气，反而还乐呵呵地答应了小野妹子的很多要求，比如让倭国派留学生来隋朝学习，再比如搞一些技术输出，等等。

不光是口头答应，这次小野妹子访隋，本身就带去了8名日本留学生，而隋炀帝则全数接收，亲自安排了专门的场所接纳，并且还鼓励他们要在隋朝好好学习天天向上。

于是这就很值得推敲了。

天皇这个词，认真说来其实规格要比天子更高，上一次自称天子隋炀帝就已经拍桌子了，这一次自称天皇对方反倒是没了声音，着实让人觉得蹊跷。

其实你也不用多琢磨，我可以很负责地告诉你，这个故事是日本人自己原创的，真实的可能性普遍低于福利彩票的头奖中奖率。

证据就是"东天皇敬白西皇帝"这句话的出处，它来自于《日本书纪》，而且除了这本书之外，便再也找不到任何一本将此话记录在内的文献了。

换言之，唯有《日本书纪》记录了这件事。

只能说真实性相当有限。

此事的真相基本上就是在厩户王子送去的第二封信里，肯定是没敢再提什么天子天皇，当然，也未必有臣服的言语，只能说是一封口气很软的普通国书，而隋炀帝一看倭国人这回没提天子，便心满意足地以为人家服了软，同时又觉得对方不敢再犯，于是便很自然地恩威并济了一番，答应了小野妹子的要求。

顺便说一句，那8名留学生中有3名的名字分别叫作高向玄理、南渊请安以及旻。

他们日后归国，无一例外地都成为了栋梁之臣。

第十章　山背大兄王

· **大唐出世**

公元622年，厩户王子因病去世，享年48岁。

临走前他留下遗言："世间虚假，唯佛是真。"

此人后来被赐谥号圣德王，也就是圣德太子这个称号的来历。

话说在太子临终的时候，身边陪着的只有一人，那便是他的爱妾橘大郎女。橘氏在看着老公闭眼之后，默默地走出了房间，来到了推古天皇那里，先是把遗言复述了一遍，然后说了一句："太子现在已经往生去天寿国了。"

推古天皇毕竟是个女的，比较擅长针线活儿，在听了橘氏的天国论之后，便拿来了锦缎针线，当场刺绣出了一幅天国极乐图，供奉在了位于今天奈良县内的法隆寺，据说至今尚存。

而那座法隆寺也是在圣德太子的主持下修建的，里面的西院伽蓝是目前世界上所保存的最古老的木制建筑群。

这也应该算是圣德太子的一大贡献吧。

继圣德太子之后，倭国的四朝元老，政坛常青树苏我马子也于公元626年离开了人世，享年75岁，这在当时算是非常了不得的高寿了。

此后，苏我家以及倭国大臣的位置由马子的儿子苏我虾夷继承，虾夷时年40岁，正是一生中智慧与精力处于巅峰的时段。而他的行事作风也和苏我马子大不相同，虾夷治世，反而更像圣德太子，讲究一个"和"字。

他很看重与王族以及其他豪族之间的融合交流。推古天皇去世（628年）后，在苏我虾夷的大力扶持下，敏达天皇的孙子田村王子（田村皇子）被扶上了王位，史称舒明天皇。

　　这位舒明天皇的爹是敏达天皇的儿子押坂彦人大兄王子，娘则是敏达天皇的女儿糠手姬。当年日本就是这样，两人结合，只要不是同父同母所出的那就OK，押坂彦人大兄的母亲是广姬，糠手姬她妈则是伊势姬，完全符合社会准则，那时候男女之间的交往只有在双方乃同父同母亲兄妹或者亲姐弟的情况下才会被认为是大逆不道。

　　其实大逆不道的例子也不少，比如前面说起过的木梨轻王子和轻大娘公主就是这样，反正在那个年头，有缘人乃亲兄妹这种根本就算不得新闻，有缘人是亲兄弟的话，那或许还能上个地区版头条什么的。

　　敏达天皇是钦明天皇的儿子，前面也有说过，而他妈则是钦明天皇的王后石姬公主，也是出自日本王室。

　　换言之，这位舒明天皇跟苏我家没有一毛钱的血缘关系，这种情况在那些年的倭国国王里属于相当罕见的。

　　这也就说明比起拘泥于仅限家族本身的那种单独的自我扩张，苏我虾夷更看重的是利用所谓的融合等手段，实现对大局的有力掌控。

　　而且苏我虾夷为人也相当低调，每次重臣开会，当要轮到他做决定的时候，哥们儿开头第一句话基本上总会是："我不如我父亲马子，不敢擅专，所以还是交给大伙一块儿讨论讨论吧。"

　　这话说得真是相当得体，既检讨了他亲爹苏我马子当年独断专横的罪行，又体现了自己谦谦君子的一面，所以虾夷在朝中口碑相当不错，上到大王下到看门的都把他视作治世能臣。

　　就这样，在苏我虾夷的带领下，整个倭国进入了一个相对还算政清人和的时期。

　　而当时的国际局势，也发生了不小的改变。

　　朝鲜半岛完全进入了三国演义期，所有的小国都被高句丽、新罗和百济吞并，而上述三国每一个国家都想着消灭其余两方，以完成统一大业。

　　中国大陆那边，隋朝已于公元618年灭亡，取而代之的是著名的唐朝，

第十章　山背大兄王

并且在武德九年（626年）的时候，唐高祖李渊的次子李世民发动政变，逆袭兄弟李建成和李元吉，然后从父亲那里得到了皇位，也就是传说中的唐太宗。

当了皇上之后的第二年（627年），李世民便改年号为贞观，在他的治理下，唐朝国力达到了空前的盛况，史称"贞观之治"。

同时，李世民本人也被周边国家称为"天可汗"。

当然，不管怎么强大，不服的人肯定还是有的。

在当时，不买唐朝账的国家主要有两个：一个是高句丽，一个是倭国。

前者是来明的，就是堂堂正正地不肯鸟你，跟当年隋朝那会儿一样，不是偶犯边境就是不来朝贡，更过分的是在隋亡之后，高句丽还大量接纳了隋朝的残兵败将，并且将其编制成为自己国家的军事力量，很有一副你要战我便战的派头。

对此唐太宗当然不高兴了，但不高兴归不高兴，他也没什么办法。

因为高句丽真的是蛮强的。在此之前，隋炀帝曾经发兵亲自征讨过那地方三次，可三次都是大败而归，并且造成了非常严重的后果，那就是直接动摇了隋朝的国本，为隋亡埋下了伏笔。故而眼下李世民纵然是想动手，却也得好好准备一番。

至于后者，那也是延续了隋朝时候的老样子，不过他们跟高句丽不一样，从不摆明了跟你叫板，但实际上，却也是不服的。

在那个万国来朝拜大唐的时代，偏偏倭国从来都不去凑这个热闹，他们即便和唐朝搞外交，也永远都恪守对等原则，绝不表达任何自己是对方臣属的意思。

不过话虽如此，可对于唐朝的强大，倭国倒也没有视而不见。

当时的倭国虽然不是唐朝的藩属，可国内的上层对于唐朝的一切，都持一种倾倒及膜拜的感情。王公贵族几乎人人都以能和唐字沾边儿为荣，哪怕是只沾着一星半点的边儿，也能高兴好一阵子。

·又一次国书事件

在舒明天皇继位的第二年（630年），他就派出了犬上御田锹为使者，出访大唐。我们耳熟能详的一个词叫遣唐使，也就是日本朝廷派往唐朝的使者的合称，其源头正始于此。

犬上御田锹这个名字虽然听起来不怎么样，但实际上他们家却是名声显赫悠久古老。这犬上家的祖先，本是日本武尊的儿子稻依别王，那御田锹本人也是当时倭国朝廷里的重臣，位居第三高冠的大仁。

犬上大使到了长安之后，先是得到了唐太宗的亲切接见，接着又就地住了两年，贞观六年（632年）八月，觉得住得也差不多了，便决定启程回国。

由于天生比较能搞人情世故外加可能比较会卖萌，所以犬上御田锹在华期间深受大唐朝野好评，现在眼瞅着哥们儿要回国了，大伙都很依依不舍，唐太宗更是专门派了个人，命他一路护送倭国大使，一直送回倭国。

送犬上御田锹回国的那人叫高表仁，时任新州刺史。

他虽是大唐的地方官，但真实身份却是隋朝的遗臣。他爹叫高颎，早在隋炀帝杨广篡位登基那会儿就出过大力气，故而在隋朝建立后一度担任宰相执掌朝政，甚至还跟原太子杨勇结为亲家，不料杨勇后来被挤了下去，杨广登了大位。心怀不满的高颎跟儿子高表仁四处评论朝政，说杨广不是个东西，结果炸毛了的杨广处死了高颎，流放了高表仁，一直到隋灭唐立，这家伙才有了翻身的机会。

临走之前，李世民还召见了高表仁，说我这次派你去倭国，你懂是什么意思吗？

高大人立刻心领神会，连连点头，说我懂，我懂。

在这位刺史大人看来，这其中的意思有两个：第一是御田锹确实会做人，唐太宗确实觉得他不错，于是便来上一段送君千里；第二是打算跟倭国搞搞外交，都是天可汗了，实在没理由不让这海外小邦拜会一下天朝威风。

其实我在很多时候都一直认为唐太宗在某些方面未必及得上隋炀帝，比方说这回派人去日本，要换了杨广，肯定会选个宽厚良善之辈诸如裴世清而

第十章　山背大兄王

不会叫这想啥就是啥的官二代高表仁同去。这种公子哥头脑或许可能相当聪明，但要说待人接物之类，未必够格，留在国内当个幕僚智囊还好，让他跑出去搞外交那只能说是自己跟自己过不去。

一行人坐船坐了一个多月，于当年10月抵达了难波津，也就是现在的大阪港，在参加了隆重的欢迎会之后，又启程来到了此行的目的地：飞鸟。

到了飞鸟之后，犬上御田锹先去王宫复了命，接着就回家老婆孩子热炕头了，而高表仁则先是被安排住进了驿馆，然后又被告知数日后我们的王后将在飞鸟寺见您。

飞鸟寺也叫法兴寺，位于飞鸟，由苏我马子创立于公元596年，除去他爹当年用来放佛像盖的那几间小佛堂，这寺庙其实算得上是日本历史最悠久的寺庙。在舒明天皇那会儿，因为放眼全国也没几间像样的拜佛场所，所以那儿更是堪比国寺，级别相当之高。

约定的日子很快就到了，那一天，几乎全飞鸟的王公贵胄们都云集在了飞鸟寺，以便一睹天朝使者的尊容。

舒明天皇的大老婆叫宝皇女，名字听起来似乎蛮嫩的，但其实这一年已经38岁了。

虽然表面上说是在飞鸟寺接待大唐使者，其实本质上也就是一群人簇拥着高表仁在寺里走一圈。一圈过后，高表仁似乎是觉得人活一辈子能这么威风的机会也不多，于是又表示想再走一圈，宝皇女连忙表示您就是转到天黑，我们也陪您陪到底。

高表仁听了这话立刻喜形于色，说久闻倭国学我天朝礼仪学得很像，今日看您这待客之道，果然是有礼仪之邦的风范啊，我回国之后一定跟我家皇上如实禀报，好让他也知道贵国的情况。

这是一段比较长的场面话，所以高表仁随身带来的翻译一时间没立刻蹦出词儿来，而就在他斟酌的当儿，宝皇女突然一字一顿地开了口："高大人若肯转达我对大唐皇帝的诚意，那实在是最好不过了。"

说完，她以一种非常平静的笑容看着对方。

翻译愣住了。

高表仁也愣住了。

因为宝皇女说的是一口相当标准的汉语。

高大人真心没想到在这海外的孤岛上居然还有如此精通我天朝语言的人才，而且居然还是国母王后，一时间激动得无言以对，只是连声说好好好，我一定转达。

而就在这时候，陪同在旁的苏我虾夷很是时候地发出了一声叫好声，底下群臣也纷纷附和了起来，场面一时被推向了高潮。

正在这两国人民欢庆友好邦交的热烈时刻，倭国的人群里忽然走了一个人出来，他并非想跟高表仁说话，而是径直朝着飞鸟寺大门的方向走去。

这显然是一种很煞风景的行为，所以当场就被人叫住了，叫他的人是宝皇女的弟弟轻王子（轻皇子）："山背大兄王，你要去哪?!"

被称为山背大兄王的那个表情非常淡然："回家。"

"你没有听到大唐的使者刚才说吗，他打算在寺里再参观逗留一会儿，所以希望请你也稍微再在这里陪着一会儿。"

"我又不懂大唐的语言，留在这里作甚？"

"现在站在这里的，又不止大唐使者一人，你没看到宝皇女陛下吗，她可是代表了大王来接见唐朝使者的，你这般做，可谓是无礼之极。"

这话的分量相当重，但轻王子说的时候，却并无一丝怒色。

结果是山背大兄王似乎动了怒："若是代表大王接待唐使的话，那就不应该在我倭国的土地上对着唐朝的使者用唐朝的语言！不管他大唐如何天朝大国如何强大，今天的你们，不觉得自己过于卑躬屈膝了吗?！唐朝的使者既然来到倭国，那理应用倭国的语言，不是吗？"

说完，他拂袖而去。

按常理，这种人应该被当场拦下的，但当时飞鸟寺里却无一人动手，就连当面斥责他的那位轻王子，也只是目送其离去。

不是不拦，而是有所顾虑。

山背大兄王，名字听起来虽然又是断背又是兄王的，但实际上却也如名所示那般是个王族，而且还不是一般的王族，他是圣德太子长子，同时也是舒明天皇百年之后的热门继承人之一。

在那个时代，倭国王位还并非是铁板钉钉的由王长子继承大统，甚至连王子也不是必要条件，只要是王族的一员，大王看着觉得好，威望能够服群臣，那就有机会成为下一代的领导人。

大兄王作为一代圣贤圣德太子的衣钵继承人，本身就有父亲的威望，而且又比较会来事儿，用现在的话叫很懂自我包装，像这次当着群臣的面给宝皇女上爱国主义教育课之类的事情还做了不少，所以在倭国拥有很高的人气，唯一的缺点就是被认为没有他爹那么成熟稳重，说得那个点儿，这人其实就是个王二代的愤青。

再说山背大兄王离去的时候，不知从哪个墙角里也蹿出了一个黑影，忙不迭地紧跟大兄王的背影，也飞奔的方式追随而去。

望着这家伙，所有人都面面相觑：他是谁？

他们很快就会知道的。

话说回来，山背大兄王此举在后世评价一直还蛮高的，很多人都觉得这是一种典型的维护了自己祖国尊严的爱国之举，而面对唐朝使者唯唯诺诺，以说唐语为荣的宝皇女以及跳出来对爱国的大兄王进行横加指责的轻王子，则很自然地被人民群众发自内心地认为是面对大国卑躬屈膝的懦弱之辈。

但事实却并非如此。

在参观完飞鸟寺之后，高表仁回到了住处，又歇了数日，然后去了王宫和舒明天皇会面，顺便递交唐太宗给的国书。

一开始的时候一切都很顺利，双方各自不断地恭维对方，场面话说了一大堆，等到了交国书的时候，舒明天皇正襟危坐在宝座上，等着高表仁把国书捧上来。

结果高表仁却是毕恭毕敬地站在那里，手里拿着国书，可就是不送上来。

舒明天皇觉得很奇怪："高大人，为何不将国书给我？"

"请大王走下御座，面北受我大唐国书。"

圣人南面听天下，这个规矩貌似是自古就有，而臣下在接圣旨的时候，则要朝北跪拜。

显然，高表仁把倭国当成了大唐的藩属。

"岂有此理。"一个声音响了起来。

回头看去，正是数日前跟山背大兄王在飞鸟寺有过一番论战的轻王子。

"我倭国并非你大唐属国，更何况此处为倭国王宫，凭什么要按你大唐臣下礼节受国书？"轻王子质问高表仁道。

诚然，尽管从国力上来讲，当时的日本连做中国藩属的资格都未必够，可事实情况是，两国确实不是宗主藩属的关系，从当年小野妹子给隋炀帝送去那份日出国天子拜日没国天子的国书时候起，中国跟日本的关系便是对等的国与国关系。

我可以以学你的文化为贵，以说你的语言为荣，以用你的产品为尊，但我就是我，绝对不会成为另一个你或是你的附庸。

这就是古代日本人对中国的一贯态度——可以是弟弟，但绝不做儿子。

所以高表仁无言以对了，但他明白，这面北接旨的话都说出来了，要是再收回去，那就丢脸了——丢大唐的脸，于是干脆一错再错："倭国难道不是大唐的属国吗？！"

"当然不是。"轻王子说道。

"既然不是，那我看也就不必受这国书了！"说罢，高表仁转身就走。

之后，他在倭国又待了三个多月，因为倭国大王无论如何都不肯下御座面北受国书，而高大人为了维护所谓大唐的面子也索性一错到底地寸步不让。最终这次两国的外交没有得出任何结果，第二年（633年），大唐使者高表仁带着他的国书坐船离开了日本列岛。

话说这老兄一直都认为自己是爱国的，维护的是大唐而非自己的面子，所以在回国之后，将自己在倭国的各种行径完完全全地向唐太宗汇报了一遍，说到妙处，还忍不住添油加醋一番，俨然一副给祖国长了脸的爱国志士模样。

太宗听完之后当时就双手颤抖了——给气的。

正所谓恩威并施才是外交的正道，即便是面对真正的藩属国，也不能空耍威风不办正事儿，不然把人得罪了不算还很有可能落下大唐只知道以大欺小的口实，更何况这倭国本身就不是大唐的属国，把他们当臣服之国对待本来就是大错特错，就这样还不知反省，还一副扬我国威的爱国志士模样，爱国，爱个屁。

李世民用能够想得到的最泼辣的词语将高表仁一阵怒骂之后又做出了处分决定：罚俸两年。

同时，还在史书上给他留下了千古一笔——表仁无绥远之才。

由此我们可以得出一个结论，并非一味地逞强斗狠才是爱国，山背大兄王跟高表仁就是两个反面教材；在关键的时候，不卑不亢，有理有利有节地维护国家尊严国家原则的，那才是真正的爱国之才，最好的例子，自是莫过于轻王子了。

·跳大神是当大王的一项必点技能

高表仁事件之后，中日两国之间的高层交往又进入了停滞状态，唐太宗不知道该以何种方法来面对这个邻家小弟，所以一直都没再派去使者；倭国那边倒不是和之前那样闹小性子，而是真的国内事情比较多，忙不过来。

公元636年，一场大火席卷了舒明天皇所居住的冈本宫，虽然大王及其重要亲眷都安好无事，但木造的冈本宫却被付之一炬。

这种事情其实并不少见，毕竟那年头消防技术什么的都比较原始，故而在火灾发生后，舒明天皇只是移驾田中宫了事，然后日子该怎么过还怎么过。

只是不承想这意料之外的情况发生了：以苏我虾夷为首的一批苏我氏重臣突然就罢了朝，他们纷纷表示自己只去冈本宫上朝，绝不去什么田中宫。

于是非常喜感的一幕出现了——每到上朝之日，整修一新的田中宫里头，舒明天皇孤零零地一个人坐在宝座上，然后面对着下面寥寥无几的小臣，也不知这国家大事从何说起。而在差不多已经被烧成了平地的冈本宫遗址上，则正襟危坐了苏我虾夷等一大批国家栋梁，大伙齐刷刷排排坐在这残垣断壁里头，面向原先放宝座的那个位置，仿佛大王真的就坐在那里一般。

这种情况一直持续了大半年，最后两边人都忍不住了——舒明天皇显然当不了光杆司令，而苏我虾夷他们也不可能在日渐天凉的秋冬季节仍坐在荒地上，于是大家很默契地各自鸣金收兵，聚集在了田中宫里，当然，彼此之间的梁子，肯定是结下了。

之所以要来这一套，其原因不外乎是苏我虾夷觉得舒明天皇似乎越来越难以被自己掌控了，比方说他曾经反复向大王建议选自己的妹妹当王后，可是却被舒明天皇一口回绝，最终让宝皇女上了位。

尽管虾夷是个讲究万事和为贵和气生财的人，但这所谓的"和"不过是用来控制朝政的一个手段罢了，现在既然有人不愿意为他掌控，自然就要非常不和气地给他一个下马威，让他认清谁才是这个国家真正的实际掌权者。

所以在事件发生之后，一个看起来挺靠谱的谣言开始传了起来，那就是冈本宫的这把火实际上是苏我虾夷放的，为的就是给之后的罢工做铺垫，目的是警告跟自己越来越貌合神离的舒明天皇。

同时还有另一个谣言，说放火的其实是山背大兄王。

这倒也不是空口白话，至少大兄王有着充分的作案动机。且说当年推古天皇走的那会儿，这大统本该由他继承，结果因为朝中评价他过于年轻，所以不得已让舒明天皇抢了先机，但即便如此，他仍是下一届王位的热门候选人，说得露骨一点，只要舒明天皇死了，那么下一位大王，十有八九就是山背大兄王。

当然，这终归是谣言罢了。

冈本宫的大火到底是哪路英雄豪杰放的，至今已然成了千古之谜，但事实是山背大兄王在苏我虾夷罢朝之后，显得非常高兴，先是在自己家里赏月喝酒吟诗作赋，接着又暗地里频频派人跟苏我虾夷取得联系，甚至还相约一起旷工出去打猎，一时间，两人的关系变得非常密切。

种种迹象表明，本身身上就流着苏我家血液的大兄王打算在苏我虾夷的帮助下，取代舒明天皇。

只是屋漏偏逢连夜雨，大火之后，一场多年难遇的旱灾席卷日本，紧跟其后的便是大面积饥荒。第二年（637年），虾夷又发生了动乱，于是无论是舒明天皇还是苏我虾夷都顾不上争权夺位了，大家纷纷救灾的救灾平叛的平叛，好不容易等忙得差不多了，舒明天皇也病倒了。

公元641年10月，他驾崩在了飞鸟的百济宫。

临死之前，他留下遗诏一封，将王位传给了他老婆宝皇女，史称皇极天皇。

第十章 山背大兄王

于是山背大兄王跟苏我虾夷的美好计划就此全部落空,但他们却并不死心,尤其是苏我虾夷,老头子一把年纪了却仍是壮志不减当年,一直碎碎念着说要成大业成大业。

也不知道是皇天不负有心人还是皇天被有心人的执念给弄烦了,反正没过多久,那机会就来了。

话说就在皇极天皇继位的当年,日本发生了一次程度罕见的大规模长时间干旱,一连几个月滴雨不下,这在生产力极为落后的原始日本几乎是致命的天灾,弄得不好就会寸草不生然后饿殍遍野,国家崩溃。

就在这危急时刻,苏我虾夷横空出世,上奏宝皇女,表示自己尽管年纪很大连路都走不稳了,但仍愿意为了国家社稷豁出一条老命——搭高台,焚黄纸,亲自祈祷以求天降甘露。

这是看起来相当稀松平常,其实却异常凶险的一招。

在讲邪马台卑弥呼那会儿我就已经说过了:中国的皇帝多数是打出来的,而日本的天皇是拜出来的。

这话我是认真说的,没跟你开玩笑。所以在中国,历朝历代看得最要紧的,就是兵权,生怕你拥兵自重然后黄袍加身,而与此相对的,在日本的上古时代,我指的是信仰啊科学啊文化啊都相当落后的那些年,朝廷看得最重的,是神权。

什么叫神权?说白了就是行使神法的权力,具体讲来包括和神交流,替神行道,为神代言,以及求神办事。

很明显,求天降雨也是神权的一种。

我知道你会说中国的皇帝也很看重神权,不然皇帝也不会叫天子,圣旨也不会叫奉天承运,皇上也不会去祭天,等等。但你哪怕说破大天了,大家也都明白,这些个东西在中国纯粹是搞搞形式的,表面意义无限大于实际意义,可在当年的日本,却正好相反——统治者,尤其是大王或天皇,时常需要通过呼风唤雨这种行为来证明自己是奉天承运的统治者。

这就是两国的一个本质性区别了。

问天也好,问神也罢,这都是天皇,或者说大王的专利,你苏我虾夷再狠再大,不过是人臣,属于人类,现在居然想越俎代庖地跟身为半神的大王抢生意,说白了就是在挑战王权和神权,挑战刚刚即位不久的宝皇女。

其实苏我虾夷的用意也正在这里。

他就是想挑战一下初来乍到的女王,只要把雨求来,那么就等于昭告天下,他苏我虾夷同样有神力,甚至比宝皇女还厉害,只要能给全日本造成这样的印象,那么以后苏我家想做什么事情也就方便多了。

但有个前提,就是得把雨求来。

朝廷对于苏我虾夷求雨一事并未做任何干涉,或许是知道干涉了也没用,于是在这一年7月25日,虾夷正式登台,上蹿下跳一连蹦跶了好几天,但除了期间稍微有过一两次时长不超过半小时的小雨之外,便再无收获了。

7月30日,年近花甲的苏我虾夷实在是跳不动大神了,故而只能撒手收工,承认失败。

8月1日,几乎是早就料到有此结局的宝皇女在宫里搭台求雨。

当日,大雨倾盆,并持续了数日。

到底是天皇家真有这个能力还是纯粹的巧合我不知道,上面这些都是书上记的,日期我都没改,总之此事的本质就是宝皇女狠狠地抽了想要挑战自己权威的苏我虾夷一巴掌。

巩固了王权以及神权之后,女王开始大兴土木,修建宫殿和寺院,并且发布各种政令。和以往不同的是,这一回在做这些事之前,宝皇女并未和苏我虾夷有过任何商量与沟通。

对于多年来一直掌握着国家实际统治权的虾夷来讲,这是一种羞辱。

所以他和山背大兄王走得更近了。

·一只白鸟挑起的父子相杀

说起来这两位要篡权谋国一事其实早就成了司马昭之心,故而宝皇女也理所当然地做好了兵来将挡水来土掩的准备。

具体说来是找盟友,被女王看上的是苏我入鹿。

苏我入鹿,是苏我虾夷的儿子,虽然确系亲生,但父子两人的政治立场却大为不同,入鹿这个人更像他爷爷马子,坚信与其搞什么天下大同和气生财，还不如依靠苏我氏一家来掌握对日本列岛的统治。

当然，不同归不同，可终究是父子，所以一般没什么人会相信宝皇女让入鹿来帮自己入鹿就自动入了伙，这里面显然应该有故事。

根据书里面的记载，故事是这样的：话说有一天女王大人单独召见了苏我入鹿，寒暄过后，给他看了一只关在笼子里的白鸟。

"这是来自高句丽王族珍藏的禽鸟，即便是整个半岛，也只此一只。"宝皇女介绍道。

苏我入鹿一听这话当然是瞪大了眼睛仔细地、用心地、好好地瞧了一番，虽然除了发现这只鸟确实很白之外再无其他心得，但他还是附和说道这鸟一看就知道不是人间产物，太有神兽范儿了，该不会是凤凰吧？

宝皇女知道入鹿在拍马屁，却也不在乎，而是直接进入了正题："你可知为何如此珍贵的鸟儿会从高句丽落到我的手中？"

苏我入鹿摇了摇头，表示自己不知。

"因为这鸟的主人不在人世了。"女王说道，"高句丽的国王被泉盖苏文杀害，整个王族也遭到了清洗。"

泉盖苏文原名渊盖苏文，为了避唐高祖李渊的名讳而改渊为泉，是朝鲜半岛历史上罕见的狠角色。此人本是高句丽的将军兼宰相，虽说是按照唐朝的规矩避了讳，但却一直对大唐虎视眈眈，在宝皇女即位的这一年，即公元642年，他杀害了亲唐的高句丽国君荣留王，然后立年仅十来岁的宝藏王为傀儡国王，自己则担任摄政，顺便再肃清了一大批王公贵族。

顺便一说，三年后（645年）击败前来征讨高句丽的唐太宗的，也正是此君。

再说那宝皇女说完了鸟的来历之后，便问苏我入鹿道："你的父亲，不会也想学泉盖苏文吧？"

入鹿当然一口否认，表示自家老头虽然比较那啥，但还不至于干出弑君犯上的勾当，退一万步讲，即便他真有此心，那么自己作为苏我家的继承者，也决不会允许。

这是很常见的表忠心，常见到让人压根儿分不清是真是假，而苏我入鹿说此话时的表情也是一副无所谓有无，就跟小和尚日常念经一般的有口无心。

对此，宝皇女只是微微地笑了笑，笑完之后又说道："其实比起山背大兄王，我倒是觉得古人大兄王子（古人大兄皇子）更适合当倭国之王。"

几乎是瞬间，苏我入鹿的表情变得严肃异常："大王今天说的事情，在下一定铭记在心。"

宝皇女仍是微笑，并不再说话。

看鸟什么的都是假的，关键是最后的那句话。

女王嘴里的古人大兄，是舒明天皇和苏我法提郎女所生之子，而苏我法提郎女则是苏我马子的女儿，换言之，古人大兄王子和苏我入鹿是一对表兄弟。

也就是说，对于无比看重苏我家血缘的入鹿而言，古人大兄其实是下一届倭国大王的最佳人选。

现在既然宝皇女也这么觉得，那么两人自然也就有了成为攻守同盟的理由了。

公元643年10月6日，这一天苏我虾夷再度和山背大兄王旷工跑到深山老林里去打猎，顺便再密谋一些不可告人但却又人人都能猜得到的事情。

两人从早上太阳出来一直玩到了夕阳西下，或许是谈得很顺利，苏我虾夷心情非常好，以至于这天他回到家时，全然没有发现气氛不太对。

迎接他的，是儿子苏我入鹿。

"父亲大人。"大门刚刚关紧，人还在往屋里走，入鹿就问了起来，"你今天和山背大兄王都谈了些什么？"

这时候的苏我虾夷仍然没有反应过来，一边走一边笑着敷衍了几句，说也就是拉拉家常罢了，没别的事情。

"你们是在密谋造反吧？"入鹿又问道。

苏我虾夷站住了。

他看着自己的儿子："你什么意思？"

"我的意思是，把山背大兄王除掉，然后一心侍奉当今的王上。"

苏我虾夷认真了，但嘴上仍是无比的轻蔑，表示你开什么玩笑，这事哪有你说话的份儿。

第十章　山背大兄王

"我苏我入鹿决不允许你们谋反。"

"你能做什么？"苏我虾夷轻蔑地一笑。

苏我入鹿也笑了，一边笑一边拔出了腰间的佩刀，然后架在了自己亲爹的脖子上："从今日起，苏我家就由我来统领。"

虽然当时在场的有很多仆人、亲信以及心腹，但他们却无一人向虾夷伸出援手，甚至还表示，自己坚决拥护少主的决定，愿意奉少主为当家人。

搞定老爹之后，苏我入鹿又迅速将枪头转向了山背大兄王。

当年11月1日，入鹿亲率武士一百余名向大兄王所在的斑鸠宫发起了强袭，当时后者身边能拿刀的只有数十人，实力差距相当明显，所以山背大兄王只得选择逃走。

陪着一块儿逃的人里头有个叫三轮文屋的，是前面我们提过的那个三轮逆的孙子。

一行人从斑鸠宫跑到了生驹山（奈良县内），大兄王表示不跑了，此地很好，就在这里做个了断吧。

他说的了断意思很明显，是要自杀。

所以三轮文屋急了，劝道说留得青山在不怕没柴烧，我们不如一路向东，退往关东一带避难，同时再以那里为根据地发展实力，等羽翼丰满了再来和苏我家决一死战。

山背大兄王闻言摇了摇头："我岂不知如若避其锋芒则日后必胜？但你可曾想过，这连年的征战要害苦多少百姓？圣人云民重君轻，我损民而成就自己，赢了也算不得大丈夫，不如就这样把我交给苏我入鹿吧。"

这就叫临死前还要装一装。

以山背大兄王当时的实力和能力，别说让他跑关东，就算跑火星去也翻不了天，后世之所以给这人很高的评价，纯粹是因为他爹是圣德太子，外加苏我家形象一直不怎么特别好，仅此而已罢了。

11月11日，山背大兄王在生驹山下的斑鸠寺里自尽，就此，圣德太子的嫡系一族宣告灭绝。

日本的国政大权，终于落在了苏我入鹿的手里。

第十一章　中臣镰足

· **大人物的第一步总是给更大的人物提鞋**

苏我入鹿位极人臣独掌大权后，很快就展现出了当年苏我马子的风范，从内到外都搞起了大包大揽，一副天上天下唯我独尊的派头。

在外交方面，他则表现出了前所未有的警觉，尤其是对大唐。哥们儿一直认为唐朝会入侵倭国，然后就拼了命地鼓吹倭唐必有一战，嘴上说了还不算，手里的活儿也没停下——不仅调用工匠民夫建造了各种城池工事，还攒了很多兵器，同时也不断地派遣使者入唐，名为友好往来，实则是为了刺探各种情报，总之是大有决战就在眼前的架势。

对此，其余的大臣们当然是不爽的。

本来嘛，当时日本但凡有点政治地位的人几乎都是亲唐派，不但热爱中土文化还能说几句唐话，你在这些人跟前扯什么两国交战的调调就已经很招人厌了，再加上苏我入鹿造堡垒也好搞兵粮武器也罢都是未经请示宝皇女的擅自行动，虽说女王本身无论公开还是私下都没说什么，但在别人眼里，这简直是大逆不道，而最糟糕的是，入鹿还大兴土木给自己修建宫殿。

如果说鼓吹倭唐必有一战和擅自备战备荒多多少少还打着一面爱国主义大旗的话，那么给自己造房子一事则是完全出自苏我入鹿的私欲了，这让大伙对他的不满又更上了一个台阶，几乎就快要超越他爹苏我虾夷了。

但苏我入鹿却似乎对此一无所知，或者说他知道，但也无所谓，因为自

第十一章 中臣镰足

认这帮家伙拿自己没办法。故而在之后的数年里，入鹿一如既往地打压政敌独掌朝纲，并变本加厉地扩充私人势力。

但宝皇女仍是一言不发。

她不是在韬光养晦，而是真的支持苏我入鹿——当然不是支持他给自己造豪宅搞腐败，而是支持他的倭唐战争论。

这不是没有原因的。

话说在公元643年，唐太宗李世民御驾亲征对高句丽用兵，征讨泉盖苏文，虽然最终是没有成功，但唐军的战斗力依然是震惊了东亚诸国，以至于即便是亲唐派的女王大人，也不得不心有忌惮地防他一手。

说白了，对于宝皇女而言，大唐的威胁比苏我入鹿更大。

有了最高领袖的支持，苏我入鹿愈加大鸣大放，因此而引起的仇恨与怨念也自然是越积越多。

公元645年春，在飞鸟寺，一场看起来相当冷清的蹴鞠比赛拉开了帷幕。

蹴鞠就是古代的足球，由中国人率先发明，然后在隋唐时期连同佛教一块儿被传入了日本，并且很快就成为了上流社会的热门运动。

当时飞鸟寺的这场蹴鞠比赛的主角只有一个，名叫中大兄王子（中大兄皇子），时年19岁，是舒明天皇和宝皇女所产之子，也是下一届王位热门候选人古人大兄王子同父异母的弟弟，同时他和古人大兄还有另一个关系，那就是翁婿——古人大兄的女儿倭姬王是中大兄的老婆。

这一天中大兄王子和往常一样，和几个仆人一起玩着必赢不输的蹴鞠对抗赛，只不过小哥的实力不咋地，一脚过去球没踢着鞋子反倒飞了出去。

望着那几个想笑又不敢笑的狗奴才，王子有点尴尬，正要抬手叫人去拿鞋，突然斜刺里蹿出一个黑影，以风一般的速度把那只鞋刷地一下就捡了起来，然后跑到中大兄跟前，单腿跪地，再双手捧鞋，恭恭敬敬地奉了上去。

中大兄王子着实有些小感动，更难能可贵的是，那个给自己捡鞋的哥们儿从穿着打扮上来看并非是自家的奴仆，非但不是，甚至还应该是个贵族出身的家伙，所以他怀着感激，用真挚的语气说了一句："真是谢谢你了。"

然后又问道："你是何人？"

"鄙人名叫中臣镰足。"

中大兄王子点了点头，意思是我听说过你。

中臣镰足，原名中臣镰子，是神祇伯中臣御食子的儿子，同时也是当时日本著名的秀才（优秀之才）。

神祇伯是当时日本神祇官中最高的一阶，故而中臣御食子的地位实际上很高，在很多事情上都有发言权，比如当年推古天皇驾崩那会儿，就是他联合的苏我虾夷，然后和其他重臣一起，推荐了田村王子，于是才有了后来的舒明天皇。

可中臣镰足似乎和他爹一直都合不来，他不仅没有子承父业地继承神祇官一职，并且在政治立场上也并不喜欢舒明天皇，而是非常倾心于圣德太子。不过由于在他成人的时候圣德太子已经不在人世了，故而只好爱屋及乌地去追随他儿子山背大兄王，还记得之前我们在说高表仁访倭那会儿有个黑影跟着山背大兄王一起跑出飞鸟寺吗？不错，那正是中臣镰足。

且说自从那次飞鸟寺事件之后，镰足便时常出现在山背大兄王身边，尽管两人关系未必到了那个程度，但他本人却俨然一副大兄王左右手的模样，很是英姿勃发。

结果是天有不测风云，没过多久山背大兄王就被苏我入鹿给弄死了，于是既没有继承家业当上神官也没有跟大兄王一起打下江山坐享荣华富贵的中臣镰足就这么一下子变成了无业游民，每天过着郁闷的日子，并对苏我入鹿产生了极大的怨念。

怨念之余，他决心要把苏我入鹿做掉。

·杀人前夜

这显然是一件非常困难的事情，中臣镰足自己也很清楚，所以他做的第一件事就是找靠山，期待能找一个可以让自己依靠的后台，然后在这个后台的支持下，完成自己的大业。

他首先找的是轻王子。因为轻王子对苏我入鹿的种种行径向来都很不满意，还时常称病不参与朝政，这让镰足很有一种自己人的感觉。

但轻王子毕竟是敢跟高表仁争是非的轻王子，胆识与智商具备，中臣镰足心里的那点小九九从一开始就已经被看穿了。所以尽管史书上记载两人关系是"来往频繁，相交甚密"，但实际上大多数所谓的"频繁"来往都是中臣镰足单方面主动去找轻王子，而轻王子虽然也确实相当好客地跟镰足谈天论地东拉西扯，可一谈到实际问题比如苏我入鹿又纳小妾又造武器库之类的时候，他却往往会装傻卖萌糊弄过去。

久而久之中臣镰足也就顿悟了，知道这个自己人未必靠得住，故而又调转马头去寻找新的靠山。

就这样，他寻上了中大兄王子。

于是让我们把目光再一次地转向那一天的飞鸟寺。

中大兄这一年19岁，和轻王子不同的是这倒霉孩子还处于中二阶段，三观尚未形成，本来有个贵族穿戴的人像奴仆一样地跑过来跪在地上给自己捡鞋子就已经挺打动人了，再加上一听名号居然是有名的才子中臣镰足，所以王子当时就对镰足好感大增，在踢完球后就跟他聊了起来，聊得兴起，镰足还请王子去附近的山上走一走。

两人来到山顶，中臣镰足将手往下一指，说道："王子，您请看。"

顺着手势，中大兄王子看到了山下的一处规模堪比王宫的宏伟建筑。

"此乃何处？"王子问道。

"这是苏我入鹿的家宅。"中臣镰足一脸的忧国忧民，"这仅仅是其中的一处，而且里面还存放了大量的武器。"

"这样啊……"中大兄王子若有所思地点了点头，"这苏我入鹿的宅子还真大呢……"

"这还仅仅是一处，他们苏我家在飞鸟有五六处宅邸，处处规模都能和王宫相提并论。"镰足不知何时已经换上了一副义愤填膺的面孔，"我估计用不了多久，他苏我入鹿就会把王室朝廷置于自己的膝下肆意玩弄吧。"

对于这番言论王子显然是信了："那应该怎么办才好？"

中臣镰足等的就是这句话："与其等着苏我入鹿篡权夺位，不如抢先一步把他给消灭了。"

中大兄王子愣住了，很明显，虽然他确实看苏我家不爽也确实认为苏我家对王室是个威胁，但你要他去把如日中天的苏我入鹿弄死，这无论从主观感情上还是客观实力上来看，都不太可能。

中臣镰足很明白这点，所以他又说道："苏我入鹿一直支持让古人大兄王子当下一任大王，对于有实力的竞争者，都毫不留情地斩草除根，山背大兄王就是一个很好的例子，而王子您的人望与德才在王室里都属一流，所以也要小心谨慎哪。"

"你是说苏我入鹿连我的命都想要？"

"那是自然，毕竟王子您也是下任大王的候选人之一嘛。"

中大兄王子又愣住了，不过这一次他并非犹豫，而是一脸红晕地带着小期待。

听这意思，自己也能当大王？

中臣镰足看出了对方的心思，笑着点点头，并又再进了一步："王子将来必定能背负起倭国的朝政，所以请不要再踟蹰了。"

中大兄王子也笑了："那么，具体应该怎么做呢？"

"此处并非议事的地方，以后我们就以南渊请安老师的塾校为据点，共商大事吧。"

南渊请安，日本飞鸟时代的学者，是被誉为继王仁之后日本历史上的第二位大儒。

且说当年小野妹子第二次带着国书访问隋朝时，带去了8名留学生，这个我们之前有提过，而这南渊请安，则正在8人之中。

他是公元608年去的中国，在那里一待就是32年，主要是学习中国的古典文化和律法政治。在此期间，尽管中国大地历经各种沧桑，先是隋亡再是唐兴，但不管发生了什么，都没能影响到这位留学生君每天在书案前的奋发努力。

一直到公元640年，他才被舒明天皇召回了倭国。

在那个时代，从中国回到日本的留学生通常从事的工作是文化传播，就是把隋朝或是唐朝先进的文化政治理念科学技术在日本的国土上让其生根发芽乃至开花结果，说得具体一点，这些留学生的主要职业主要分为两种：一种是登堂入阁官拜将相，把学到的东西直接用在国家政治的运作上；另一种则是在都城开一间私塾，将自己在中华所学的知识倾囊而出，传授于贵族王公的子弟们。

一般来讲，大家往往选择后者，比如跟南渊请安同一批出国的一个叫旻的人，他回国比较早，公元632年时就离开了中土，回到倭国后便开了学校，然后结识了苏我虾夷，于是就当上了苏我入鹿的老师。

比较有趣的是，在甲午战争之后，中国一度也出现了去日本留学的风潮，而那些学成归国的留学生们大都步入军政商界，肯从事教育的虽说不是没有，但确实比较少。

这便是两国之间的又一个差别，不过是后话，我们放到后面再详细说。

再说南渊请安，他在回国之后，也依照惯例在飞鸟川（流经奈良县和大阪府的河流）的上流开了一家私塾，而中臣镰足正是他的高徒，成绩相当的好，在当时有大才之名。

顺道一说，苏我入鹿也是有名的好学生，他的老师旻曾亲口评价说："在我的课堂里，要论成绩，则无人能与苏我太郎（入鹿）相比拟。"

不过，尽管南渊请安认为倭国想要强大就必须得模仿唐朝的制度律法，但他却并不同意用武力除掉鼓吹倭唐必有一战的苏我入鹿，所以当中臣镰足打着中大兄王子的招牌邀他一起入伙时，南渊老师拒绝了："苏我入鹿乃是国家重臣，岂能轻言谋杀。"

中臣镰足说，苏我入鹿屯兵积粮想要谋反，不除不足以平国难。

老头子又问，你有确切的证据没？

镰足说现在还没有，但以后会有的。

请安老师又问，那么你动手的话打算事先和女王打招呼不？

镰足说自己准备悄悄干活打枪不要，如果让女王知道了，她必然会包庇入鹿，那么大事就成不了了。

请安说，那么你这才叫谋反，恕老夫不参与了。不过看在师生一场的情分上，老夫不会举报你和王子，这学塾今后你也能来，只是一旦事发，无论成功还是失败，都别跟我扯上关系。

在中土生活了三十多年，熟读中华经典的南渊请安当然知道这种清君侧意味着什么。

恩师不肯入伙这让中臣镰足小有不满，但终究没有灰心，因为他很快就找到了更好的帮手——苏我石川麻吕。

苏我石川麻吕是苏我入鹿的堂兄弟，但却一直都对入鹿不满，主要原因是分赃不均。石川麻吕总觉得已经万人之上的入鹿对兄弟太小气，给自己的荣华富贵还不够多，久而久之就心生怨念，以至于当中臣镰足找他商量时，两人几乎是以一拍即合的速度达成了同盟协议。

接着镰足又找了几个跟王子混得比较好的家伙，一番封官许愿后，大家都表示愿意把苏我入鹿那个人渣给做掉。

具体的操作手法是暗杀。

·乙巳之变

当年6月，一个相当详细的流程方案出炉了——且说这个月的12日，宝皇女将在王宫内会见来自朝鲜半岛的使者，苏我入鹿作为重臣当然也会出场，与此同时苏我石川麻吕也会露脸，并且还担任着念国书的重要任务，中臣镰足正是打算在大家都聚精会神听国书的时候，对苏我入鹿下手。

包括中大兄王子在内没有人反对，因为只有在上述这样的场合，入鹿身边的护卫人员才是最少的。

很快，6月12日这个激动人心的日子到来了。

这一天，在飞鸟的板盖宫前，正准备进去陪同女王一起会见半岛使者的苏我入鹿被门口的侍卫给拦住了："苏我大人，事关重大，为了以防万一，无论是谁都不得带刀入宫。所以还请您把佩刀暂时留在此处。"

这种百试不爽骗稿费必备的标准章回小说中杀人前的必出台词居然真的把苏我入鹿给忽悠到了，他笑了笑，没有任何戒备地解下了腰间的佩刀，递给了那个侍卫，走进了板盖宫。

眼瞅着该到的都到齐了，会见仪式便正式开始了。

礼节性的寒暄过后，半岛使者将外交文书奉上，女王象征性看了一眼之后，又转交给了翻译官苏我石川麻吕，由他现场翻译成倭寇语并当众宣读。

此时此刻，中臣镰足拿着弓带着箭，躲在大殿深处，手下的十余名刺客亦各自就位，中大兄王子也手持一杆短枪，伏在镰足身旁，随时准备行动。

第十一章　中臣镰足

国书已经读了一半。

中臣镰足拍了拍身边一个叫海犬养连胜麻吕的武士，压低声音道："上吧。"

这是行动暗号。

但海犬养的身体却纹丝不动，手里拿着短刀却在不停地颤抖。

很显然，他怯场了。

四分之三的国书被读完了。

中臣镰足又指了指旁边的另一个叫佐伯连子麻吕的，意思是叫他去。

可佐伯连子也没动弹——按照原定计划，本来他就不是第一拨冲上去的，现在突然变更，难免会有压力。

中大兄王子和中臣镰足顿时就急眼了。

还有一个比他们更急的，那便是正在读国书的苏我石川麻吕，眼看着国书都已经念到最后一行了，原本该发生的却什么都没发生，可到底出了什么事他又不知道，所以急得满头是汗，读的时候也连连读错字。

于是苏我入鹿当时就觉得不太对了，还没念完他就叫了停："石川麻吕大人，你今天这是怎么了？"

苏我石川麻吕擦了擦额头上的汗，努力挤出一丝笑容："离王上太近，有点紧张。"

入鹿更加奇怪了："你身为重臣面见王上乃是家常便饭，怎么平时不见你紧张？"

石川麻吕无言以对，只好努力地接着挤笑。

就在两人僵持的时候，中臣镰足突然从埋伏的地方跳了出来，大喝一声："苏我入鹿，你家着火了！"

趁着入鹿莫名其妙的那一刹那，镰足弯弓搭箭，拉满了弦然后一发射去。

没射中。

只好再喝一声："动手！"

之前压力山大的佐伯连子麻吕这时候已经缓过劲儿来了，于是应声而出，冲上前去对着苏我入鹿就是一刀，正中其肩膀，接着又是一刀，砍中了大腿，入鹿当场扑街倒地。

瞬间已经什么都明白了的他朝着女王的宝座奋力匍匐爬去，并且发出了歇斯底里的一声大喊："王上，为何如此？！"

这时的宝皇女惊得表情都已经扭曲了，嘴巴一张一合可就是一句话也说不出来。

她也想知道为何如此。

"苏我入鹿意图篡国谋反，图谋不轨！"眼看大功将成入鹿必死无疑了，一直躲在后面的中大兄王子也走了出来，"王上，我们今天将为国除害！"

"绝无此事！请王上圣断！"苏我入鹿趴在地上大喊道。

中臣镰足很想说圣断个屁，只见他挥了挥手，佐伯连子麻吕上前一步，对着苏我入鹿的脖子挥下了第三刀……

紧接着，知道大势已去的苏我虾夷在围捕大军前来砸门之前，于家中放火自焚。

因为公元645年是乙巳年，所以史称乙巳之变。

苏我入鹿之死让宝皇女大为震撼，同时也以为这帮人下一个目标是自己，所以当即就宣布要退位，并表示准备把宝座让给中大兄王子。

旨意传到王子那儿之后，中大兄当时就喜滋滋乐滋滋地准备穿红戴绿走马上任了，但却被闻讯赶来的中臣镰足一把拦住。

虽说这家伙不是个东西，但脑子确实很好使。正如南渊请安说的那样，苏我入鹿即便是真有谋反之意，那也该和女王事先沟通之后再行事，哪有一声不吭直接在大王跟前把辅国大臣给当场捅死的道理？这才是真正意义上的谋反呢，更何况苏我入鹿也就是为人嚣张跋扈了一点，做事心狠手辣了一些，真要说他谋反，那纯属莫须有。

所以乙巳之变的本质就是中臣镰足和中大兄王子等人一起搞起的一场武装政变，并且把女王给逼得退了位。如果这个时候中大兄王子再傻不拉叽兴高采烈地去当大王，那将没有任何悬念地成为众矢之的，民间俗称出头鸟，用不了多久就会遭到不测，而身为王子的左右手中臣镰足，自然也不会有什么好下场。

不管怎么说，苏我家算是完蛋了。

第十一章　中臣镰足

虽然今天在各种日本历史相关的图书资料上我们所看到的苏我家数代人形象都是相当寒碜，但实际上这种观点是明治维新之后才兴起的，在明治朝之前的史学界，对于苏我氏，至少对苏我入鹿的评价，都是相当高的，反倒是中臣镰足，大家普遍都觉得这厮不咋地。

再说那中大兄王子，虽然当不成大王心有不甘，但还是听从了镰足的话，推辞了女王的让位，并且还和中臣镰足一起举荐了轻王子为下一任大王。

这是一个看起来相当莫名其妙的决定，以至于后世为此还产生了乙巳之变的幕后主使是轻王子的说法，但事实上只要稍微想想就会明白，轻王子是最合适的人选。

因为当时具备足够人气威望的王位候选人只有三个：一个是中大兄，一个是轻王子，还有一个是古人大兄。中大兄率先排除，那么古人大兄又如何呢？

别忘了，他是苏我入鹿的好基友，你中臣镰足要敢让他当大王那就等着有一天哥们儿反攻倒算为友报仇吧。

所以剩下的，只能是轻王子了。

要说这轻王子真心是个聪明人，让他做大王的旨意刚到，他就明白是怎么回事儿了。

然后表示了婉拒。

不但婉拒，还附奏折一份，里面说古人大兄王子德才兼备，在下推荐他当大王。

中臣镰足知道后当时就想哭了，连忙跑去王宫求爷爷告奶奶地请宝皇女再下一道旨意，二请轻王子出山当大王。

轻王子仍是婉拒，仍是推荐了古人中大兄。

在心里骂了无数遍贱人就是矫情之后，中臣镰足仍是只能装孙子，不仅求女王，又亲自拜访了一趟轻王子，跪求他行行好，当个大王混两年吧。

三揖三让之后，轻王子终于点了头，然后于当年的7月14日登上王位，史称孝德天皇。

孝德天皇登大位后做的第一件事是立中大兄王子为太子，就是接班人，毕竟自己的宝座是中大兄和中臣镰足哥俩拼命换来的，总也该表示表示。

而镰足当然也没落下，他被任命为内臣，就是王家政务总顾问，这虽然不是编制内的官员，但却拥有比其他重臣更大的话语权。

还有苏我石川麻吕，则当上了右大臣，当然这是对他弃暗投明的表彰，但还有一个原因是为了让苏我氏的人在朝中牵制那匹新兴的黑马中臣镰足。

犒赏完诸有功之臣后，孝德天皇开始着手做起了第二件事：改革。

这主要是因为经过苏我家几代人那么一折腾外加隔壁大唐看起来很有威胁，整个倭国堪称内忧外患，不改不行了。

和圣德太子那次被各种牵制伸不开手脚只能搞搞表面功夫的皮毛之举所不同，这一回的改革，将是全面而又彻底的。

至于如何彻底如何改革，孝德天皇自己心里也没谱，所以他找到了南渊请安，请他来帮忙当一回总设计师，拿出一个改革的总纲领来。

但南渊请安表示自己不干。

同时他还用了圣人不喝盗泉之水的典故，意思很明确：你们的这个政权是靠反动政变夺来的，老夫决不同流合污。

但看在倭国黎民苍生的分上，重民轻君的老夫子还是破例给了忠告："目前的倭国只有以大唐蓝本，效仿大唐的一切，才有可能脱胎换骨。"

千金难买爷不干，于是孝德天皇只能退而求其次，把苏我入鹿的老师旻先生给请了出来，顺带还找来了和他们同一批去隋朝的另一个老留学生高向玄理，任命这两人为国博士，为改革立功奠定理论基础。

旻高两人的政改理念和南渊请安基本相同，认为倭国当下的出路就是以山寨大唐为目标的幡然振兴，而且这山寨还得做到无所不像，哪怕是造房子的一砖一瓦，也最好跟大唐一个款式。

· 大化改新

山寨，哦不，改革的第一步，是创立元号。

元号就是年号，用于纪年的名号，由中国的汉武帝首创，象征着皇权的正统。在历史上，很多中华周边的藩属小国往往会跟中国用完全相同的一个年号，以表臣服，现在倭国要创立自己的年号，则首先表示了他们是一个独立的王国，其次也为了表达朝廷的唯一性和正统性。

当年6月19日，孝德天皇颁布圣旨，说是即日起创立元号名为大化，据说意思是伟大的变化，同时召集群臣要求他们发誓：第一，帝道唯一；第二，暴逆已被诛杀。从此往后，国无二君，臣无二心。

然后再宣布改革，史称大化改新。

誓言中的暴逆当然指的是苏我入鹿，由此可见乙巳之变未必得人心，不然何苦抓着人家又是表忠心又是发毒誓的呢。

当年9月，入鹿的好基友古人大兄王子被杀，罪名是企图造反。虽然这时候的他已经出家当了和尚，但却依然不妨碍钢刀砍下他的脑袋。

大化二年（646年）元旦，孝德天皇颁诏四条，是为改革的具体内容。

第一条，叫公地公民制，就是废除原有一切豪族私有的土地和领民，一律改为朝廷公有。

第二条，重新调整地方行政制度。

国家的核心地方自然是首都，首都外一圈叫近畿，同时在近畿之外的地方设令制国为行政单位。一国就相当于今天日本的一县，管理令制国的地方官由中央任命，但大多是当地的豪族。国以下设郡，仍是交由豪族管辖，和之前的区别只是在于土地和百姓不再属于他们了。

此外孝德天皇还开创了日本最初的传马制，用于将地方情报及时传达给中央，以便加强统治。有了这个制度，自然少不了修桥开路，所以也就很顺理成章地规划出了日本历史上最早的官道。

第三条则效仿了隋唐的均田制，实行班田收授法，中国历史在此我就不做科普了，总之是朝廷计口授田，就是根据人口分土地，而所分土地不许买卖，死后归还国家。

第四条，山寨了唐朝的租庸调制度，要求分到田地的农民必须每年向朝廷缴纳谷物为租，服劳役或者纳织布代役（庸），同时再上交地方土特产（调）。

这四条通称改新之诏。

除此之外，对于其他的制度，孝德天皇也先后做了相应的变革。

首先颁布的是薄葬令，也就是针对古坟时代造大坟刻大碑的那一套。政令宣布从即日起废除殉死这种极不人道又严重扼杀劳动力的风俗，同时也规定任何人的任何坟墓，从开工到完工不得超出7日，包括大王在内。

不过这条其实纯属只拍苍蝇不打老虎，比如中大兄王子后来当了大王，史称天智天皇，他的陵墓我们之前就有介绍过，乃是日本历史上规模数一数二的著名古坟，这样的陵寝只造7天，你信吗？

其次是重新制定了冠阶。尽管圣德太子的冠位十二阶实行了也没多久，但这么多年来要求进步的同志不断增多，外加搞死苏我入鹿前后封官许愿了那么多人，十二个阶显然是不够用的。故而孝德天皇在大化三年（647年）的时候将冠阶分为了十三阶，大化五年（649年）时又增加到十九阶，等到了四十来年后的天武天皇十四年（686年），全日本的冠位总共分四十八阶，每个阶穿的衣服戴的帽子都是不同颜色，当文武百官聚集一堂时，那一眼望去，简直就仿佛置身个大染缸里头。

制定完冠阶，接下来就得制定礼法了，每个等级的官员见到上级该行什么礼，碰到下属行礼该怎么答复，孝德天皇都做了相应的规矩。之前说的每个阶级穿戴的颜色不同，这也是改革后礼法的一部分，此外大王还规定老百姓不许穿红戴绿，只许一身素白见人，这叫白丁，也是从大洋彼岸给山寨过来的。

再然后是改革军制，首都设五卫府，地方设军团，老百姓要服兵役，叫作防人。

还有就是接着向大唐派出遣唐使或访问或留学去吸收那边的先进技术和华美文化，虽然这几乎已然是惯例了，但既然大王都说了，那就姑且算它一条吧。

以上，就是日本历史上最著名的两次改革之一——大化改新的基本内容了。

另一次著名改革想必你已经猜出来了，那就是明治维新。

总体而言，这次几乎完全山寨了隔壁唐朝的改新确实在客观上巩固了当时日本的中央政权，并且大大提高了生产力，但实际上对于根本的东西并没有起到多大的改变作用，这里的根本我指的是国力，倭国仍是倭国，并未脱胎换骨乌鸦变凤凰。

第十二章　宝皇女

·改革元勋哪有那么好当

　　大化改新并没有给日本带来什么奇迹般的发展，相反，在改新之后的那几年里，列岛上下一直都挺乱的。

　　这主要是由于改新的很多内容并不为广大贵族所接受。

　　毕竟原先个个都是大地主，家有良田千顷不说，还坐拥苦力无数。结果一道诏书全部化为乌有，都归了朝廷，归了大王。

　　别扯什么家国天下，这种事情搁在谁身上都不好受。

　　不过改新四条毕竟是国策中的核心部分，即便不服可也没人敢越雷池一步地去明目张胆表示反对，只能在别的内容上做做文章，比如冠位十三阶之类。

　　出头鸟是苏我石川麻吕。

　　这人估计被分了不少浮财，所以怨念挺大的，整天背地里碎碎念着一夜回到解放前之类的反动言论，而且还不肯换新衣，身为右大臣却仍是经常穿戴着圣德太子时代的衣冠。虽说他还没有豪放到上朝时刻如此标新立异地鹤立鸡群，但久而久之他的所作所为所说所想还是传到了孝德天皇的耳朵里，大王当然是相当不高兴了。

　　也正在这个时候，石川麻吕的弟弟苏我日向跑来检举揭发，说自己的哥哥想造反，要复辟。

这简直是正中下怀。孝德天皇本人还没开口，太子爷中大兄就先发话了，表示既然石川麻吕想要造反，那就先下手为强，把他给灭了吧。

接着，中臣镰足也紧跟一步表示老子早就看出苏我石川麻吕这厮有心造反了，该杀，绝对该杀。

如此一来，原先也只是不太高兴并不真打算怎么着的孝德天皇反倒是不好说话了，只能由着中大兄王子和中臣镰足点起兵马浩浩荡荡地向苏我石川麻吕家杀过去。

寡不敌众的石川麻吕且战且走，一直退到了飞鸟境内的山田寺，实在是逃不掉了，于是只能自杀。

死之前留下一句话："尽管蒙受如此冤屈，但我做鬼却也依然是大王的忠臣。"

一般而言人之将死其言也善，所以我们有理由相信苏我石川麻吕真的只是个爱抱怨的小老头，至于他对孝德天皇的忠诚，完全没有去质疑的必要。

说白了中大兄王子跟中臣镰足除掉石川麻吕是假，真正矛头指向的是孝德天皇。

往日无怨近日无仇的为什么要针对他？这个我们稍后再讲。

顺便一说，孝德天皇有个王妃叫苏我乳娘，正是苏我石川麻吕的女儿。

大化六年（650年）二月，穴门国（后改名长门国，今山口县）国司意外得到了一只浑身雪白羽翼没有一丝杂色的雉鸟。一般来讲在古代的东方，全白的动物几乎是被当作神兽来看待的，所以哥们儿不敢私藏，转手就贡献给了朝廷，为此，孝德天皇龙颜大悦，不仅重赏了那名国司，还将该年年号改为白雉。

这是日本历史上第二个年号。

正所谓新年要有新气象，兴许是觉得光改号还新得不够多，于是在白雉二年（651年），孝德天皇又下了一道圣旨，说是要迁都，打算把首都从飞鸟迁到难波（大阪）。

当时没有人说什么，于是当年12月，大王按照正常的搬家程序把东西都打包好，然后带着后妃奴仆们欢天喜地地从飞鸟出发住进了难波的宫殿里头，第二年（652年）再发圣旨，表示此地很好，并让群臣们也迅速跟着一块儿来，以便尽早展开工作。

然后就没有然后了。

大家都表示待在飞鸟挺好，不想去难波。

还有胆大的干脆上奏指责大王明明有飞鸟的板盖宫却一定要去难波盖难波宫，实乃浪费民脂民膏，一点也没有改新的派头。

最后是中大兄王子和中臣镰足，哥俩联名上奏，请大王别再折腾了，赶紧回飞鸟吧。

孝德天皇秒懂，知道该来的终于来了，这矛头总算是对准了自己了，于是不甘示弱，打算以君威压群臣，一口气接二连三地又发了数道圣旨，但依然没有效果，并且反对声一片。

要说日本人也真够胆大的，几百年后的岳武穆能有这一半的魄力就不用上风波亭走一遭了，这孝德天皇的圣旨连发五六道，愣是没有一个人肯上难波，当年舒明天皇换王宫那会儿好歹还有几个小臣跟着，这回别说小臣了，连小仆都没有。

于是大王被气病了，而且还是一病不起的那种。

知道为什么没人跟他一块儿去难波么？

中大兄王子和中臣镰足兴风作浪当然是原因之一，但更因为大家都恨孝德天皇。

为什么恨？

因为这些王公大臣们祖祖辈辈积累下来的土地和子民，都因为大化改新而化作了泡影。

所以你就不用奇怪为什么当年冰雪聪慧胆识兼备连大唐帝国的使者都不在他眼里的轻王子当了天皇就变得那么弱了，历史上的每一次重大改革都要付出代价，轻王子仍是那个文武双全的轻王子，但他即便再厉害，也无法以一人之力抗衡那些因大化改新而失去了原本利益怀恨在心的旧贵族，外加故意存坏心捣乱的中大兄王子和中臣镰足。

白雉五年（654年），被后世誉为尊佛好儒，用人无分贵贱的一代明君孝德天皇在郁闷和寂寞中离开了人世，享年58岁。

· 亲妈登场

王位的接替者出乎所有人意料居然是宝皇女。

这是日本历史上头一回已经退位了的大王梅开二度再登宝座——而且还是个女人家。

不是中大兄王子乐善好施、谦让有瘾,放着王位不肯要,实在是没办法。

孝德天皇被孤立至死,最大的原因不是他迁都也不是他干了别的什么,而是他是大化改新的领导者,至少是名义上的领导者——四条诏书是他颁布的,薄葬令是他签发的,一切招人恨的事情不管到底是谁琢磨出来的,底下总刻着一个通红通红的王印,这理所当然地就要遭人恨了。

改革就像小二子讨老婆,剥夺旧贵族利益就如同让人上吊,你让人刚娶了媳妇就上吊,是个人都要画圈圈诅咒你。

所以摆在国家实际统治者中大兄王子和中臣镰足跟前的只有两条路:要么是宣布大化改新到此结束 game over(游戏结束),把土地百姓都发还给豪族们,让诸君继续祖先的好日子,这样至少不遭人恨;要么就是硬着头皮扛下来,继续孝德天皇未竟的事业,在仇恨与唾弃中把倭国发展起来。

这两条路堪称凶险异常,要么亡国,要么亡命。

其实中臣镰足和中大兄王子心里很明白,大化改新再得罪人,但它毕竟能强国,故而跟孝德天皇斗归斗,可他颁布的那几条圣旨跟政令却都被认定为是不可动摇的基本国策。因为一旦把这些给废除了,那么这个国家的前途不堪设想。镰足也好王子也罢,即便再不是东西,也不会拿国家来开玩笑。

而第二条也不实际,毕竟这哥俩从来就不是那么大义凛然的货。

于是只能走第三条了:再找一个人来当大王,说穿了就是顶缸——背黑锅你来,送死也最好你去。

当然了,为了国家的前途命运着想,这个背黑锅的最好要把那口锅牢牢地扣住,别像孝德天皇那样风雨飘摇了几年就撒手人寰了,然后最好也能把手底下那群乱折腾的贵族们给罩住,在顶住巨大压力骂名的同时,把大化改新继续推行下去，让倭国稳步发展。

这个活中大兄王子肯定是干不了了，中臣镰足也不行，放眼当时列岛，唯一有这个威望有这个能力的，只有退位数年的宝皇女。

公元655年，时年已经六十有二的老太太重登王位，史称齐明。

齐明天皇上位之后，开始稳步地继续推行改革，顺便再安抚贵族们的人心，具体的做法是从老百姓那里多征一些民脂民膏上来打赏诸权贵——你丢了土地，我给你折现。

诸如此类的手段老太太在重出江湖之后用了很多，为此齐明一朝也一直被后人指摘过于铺张浪费以及消耗民力物力。

这就叫兴百姓苦，亡百姓苦。

此外，中大兄王子跟中臣镰足这一回也相当配合，毕竟女王是王子的亲妈，再这么往死里整实在说不过去。

于是国内的形势便开始逐渐平稳了，只是没想到一波未平一波又起，家里刚安生隔壁又出了大事。

我指的是朝鲜半岛。

这件大事就是唐朝帮着新罗把百济给灭了。要知道，百济一直和倭国是一方的，这下可就出了个大难题：大唐那么强，打还是不打呢？

有一些人认为大唐太强，打是打不过的，放弃算了，但更多的人却觉得如果就此坐视倭国在朝鲜半岛唯一的势力范围消失，那今后必定将是一个无法弥补的损失，同时他们也相信，虽然大唐确实很强，但历经大化改新的倭国，也不会弱。

因为不管怎么说，即便没有像乌鸦变凤凰那般脱胎换骨，但通过这场变革国力增强了不少也是真的，至少乌鸦差不多快要变成小黑鹰了，所以主战派们自信满满地表示，即便大唐横插一脚，我小倭……不对，我大倭的那些经过改新的兵勇防人，也绝不会败下阵来。

这种观点吧，说实话我觉得很弱智。

不是骂人，其实用屁股想想都能明白，两个国家，一个打百济只用了半年不到，另一个打个北海道外加库页岛这种原始部落都花了两三年，这两拨人要放一块儿对阵，你说谁会赢？

但齐明天皇仍是下令出兵半岛，为了鼓舞军心，老太太还决定御驾亲征。

是她不明白吗？不是。

就在这一年的早些时候（660年），高句丽也派了使者到倭国，并送来一封信，说如果倭国出兵百济的话，我高句丽也愿意在适当的时候助一臂之力。

落款人是著名的泉盖苏文，当年被女王用来打比方教育过苏我入鹿的哥们儿。

虽然不怎么待见他，可泉盖苏文是狠角色却不假，如果有他相助，那么这一场对大唐的战争，兴许有得打。

·先撩者贱

抱着这样的想法，齐明七年（661年），齐明天皇率部西行，当年5月，第一批倭军先遣部队总共一万多人、一百七十余艘船在指挥官朴市秦造田来津等人的率领下先行离倭，护送扶余丰璋前往百济。

这个名字可能有点怪，我简单说明一下，此人姓朴市秦造，听起来有点像韩国人，实际上却是中华后裔，乃是渡来人秦氏的子孙。

同月，女王抵达了位于今天福冈县内的朝仓宫，然后一病不起。

这也难怪，本来就已经68岁高龄的一老太太，在如此医疗科技不发达的时代长途跋涉，当然身体要吃不消。

7月24日，女王驾崩。

出师未捷身先死，长使大兄泪满襟。中大兄王子是个孝子，本来这大王的位置怎么着也该轮着他坐了，可他却偏偏不肯上位，表示自己先要守孝七年，等七年过后，再登宝座。

王位继承人行大王之实却不登大王之位，专业名词叫作称制，在日本历史上只有两例，一例男一例女，男的是中大兄，史称天智天皇，女的则是后来的持统天皇。

称制归称制，该干的活还是得干。

第十二章　宝皇女

天智称制元年（662年），第二批倭军也出发了，这是主力部队，总共两万七千人，带队的是当年平定虾夷肃慎的名将阿倍比罗夫，带战船七百余艘。

我插一句，阿倍比罗夫是当时日本列岛最能打的人，同时还是陆奥（日本东北部）阿倍家的开山老祖。

陆奥阿倍家延传至今已有一千多年，目前有个子孙叫安倍晋三。

在姓氏中，安倍和阿倍大多相通。

再说另一方面，大唐当时最能打的，貌似应该是薛仁贵。

不过他没来。

还有第三批部队，总共一万余人，不过他们并不用出国作战，只是在今天静冈县清水市一带驻守待命，以防不测。

根据倭国大本营制定的构想，这次作战的计划应该是这样的：先由百济王子扶余丰璋回国称王，然后带领百济遗民在第一军的配合下赶走新罗人，接着唐朝势必会派大军前来，到了那个时候，再由登陆半岛的主力部队第二军与其最终决战，将其击败。

平心而论，这个想法很美好，更难能可贵的是，在实际操作的过程中居然也意外的顺利，至少在开始的时候是这样的。

当年6月，两万七千人的主力部队登陆半岛，随即在阿倍比罗夫的率领之下向新罗发起进攻，夺取沙鼻歧、奴江二城，使新罗与唐军的联系通道几乎被完全切断。

唐军之所以被打成这样，并非战斗力不高，而是人数不够，之前配合新罗灭完百济后，觉得待着也没啥意思，就撤走了主力，只留少数人协防，不承想让倭国人钻了空子。

于是只能写奏折回国求援了，但正打得顺手的阿倍比罗夫毫不在意，他和第一批一万人的部队合并一处，做好了和唐罗联军决一死战的准备。

形势喜人，形势逼人。

就在所有倭国人都以为能一直这么春风得意下去的当儿，一件意想不到的事情发生了。

百济的内部出了大状况。

王子扶余丰璋虽然被护送回了国,也很顺当地被拥护为百济新一代国君,称丰璋王,可是没过多久,他就跟鬼室福信有了矛盾。

矛盾的主要焦点在于兵权。丰璋王想把复国军统归到自己麾下,因为他觉得自己才是唯一能够拥有这支部队指挥权的人,而鬼室福信自然是不肯,因此,两人就这么对立了起来。

对立的结果是丰璋王说鬼室福信要谋反,鬼室福信骂丰璋王是傻子(腐狗痴奴),然后丰璋王拍案而起先下手为强,于天智称制二年(663年)六月率亲信突袭鬼室福信,将其擒获后斩首,并把头颅挂于闹市示众。

这次行动所导致的直接结果就是百济复国军瞬间士气大跌,因为不管怎么说,这支部队也是鬼室福信一手给带出来的,他丰璋王名为百济王,实际上在倭国生活了十好几年,复国军将士除了知道他是义慈王的儿子,王室正统继承人之外,几乎就没有任何交集了,现在这个路人甲把大家的老领导给弄死了,还想统领部队,谁肯听他的啊?

鬼室福信之死,使得百济复国军就此变成废柴一根,几乎再无战斗力。

这挑大梁的任务,终于落在了倭国人的身上。

而对面的唐罗联军自然不会放过如此机会,当年8月,大唐皇帝高宗李治应奏派七千兵马走海路抵达百济,和留守部队会师之后,分两路展开攻击,一路走陆地,一路走海面。

当时百济复国军的大本营在周留城(今韩国忠清南道内),那地方跟前是一条江,叫白村江,背后是大海,那条白村江流经周留城边后再奔腾至海,入海口则名为白江口(今韩国锦江口)。

唐罗联军的水上部队正是打算走白汇口逆流而上配合陆军夹击百济人和倭国人。

而在周留城的边上,还有十来座小城,但都在半个月不到的时间里被唐罗联军的陆地部队逐一攻陷,唯独剩下一座任存城,是进攻周留的必经之路,只不过那里地势险要外加倭国大家阿倍比罗夫亲自带队死守,所以联军一直无法拿下。

也就是说,是否能够顺利拿下周留城乃至此战成败,最终将由双方的水军来决定。

倭国水军统领是朴市秦造田来津，这人不但负责水战，还负责造船，当时倭军所用将近千余艘船只都是他负责监工督造的。

而唐朝的水军将领，叫刘仁轨，时任检校带方州刺史，时年62岁。

·首战白村江

刘仁轨，河南人士，平民出身。本来家境就不怎么样，又恰逢隋末大乱，所以年轻时日子过得非常清贫，但即便如此，他却依然专心于书本，素有恭谦好学之名。

唐高祖时代，因受开国功臣任瑰赏识，在息州（今河南息县）参军，不久，出任陈仓县尉。

本来以为一辈子就这么安安稳稳地过了，结果却摊上了大事儿。

话说贞观年间，陈仓有个人叫鲁宁，官居折冲都尉。

唐朝实行府兵制，基层组织的军府叫折冲府，折冲府的长官叫折冲都尉，最低也是个五品官，要比陈仓县尉的刘仁轨强很多了。

不过这个鲁宁性格不太好，嚣张跋扈喜欢欺负人，上到地方小官下到老百姓无一不遭他魔爪虐待，因为哥们儿官大，也没人敢管，属当地一霸。

只是没想到鲁都尉运气不好，有一天不幸惹了刘仁轨。刘县尉知道这人的来头，所以一开始好汉不吃眼前亏，撸着顺毛说好话，但鲁宁非但不领情反而越发张狂，终于把谦恭的刘仁轨给惹毛了，当即命令箭役把鲁宁关入大牢，命其好生反省。

鲁宁活了半辈子就没碰到过这种事情，所以非但不反省，还骂不绝口，就这样，刘仁轨彻底爆发了，叫人把鲁都尉提出大牢，施以杖刑，就是打屁股。

正所谓"S（虐待狂）都是玻璃做的剑"，喜欢欺负别人的人往往是最不经打的那种，一顿棍棒，鲁宁就这么被打死了。

县派出所所长打死了地方军区长官，这放到现在那也得上头条，在当年更是大事，故而当地高官一面拘捕刘仁轨，一面将经过上报朝廷，等候回音。

然后这事儿就传到了唐太宗那里，太宗首先是觉得非常不可思议：为什么一个县尉敢杀折冲都尉？多大仇啊？

百思不得其解之下，便将刘仁轨押至长安当面质问。

面对煌煌九五，刘仁轨毫无惧色，说道："鲁宁肆虐百姓侮辱朝廷命官，臣实在看不过去，愤而杀之。"

这话在朝堂之上说得相当铿锵有力，以至于唐太宗本人还没说什么，一代直臣魏征就跳了出来，问太宗道："皇上知道隋朝是怎么灭亡的吗？"不等回答，又补了一句："隋末时期的官员，大多和鲁宁一个货色。"

李世民是聪明人，知道魏征的意思，于是不但没有处罚刘仁轨，反而还让他做了栎阳（今陕西境内）县丞。

正所谓一粒沙一世界，一件事能看一个人，从这件事中我们可以看出，刘仁轨有过人的勇气，不然他绝不敢杀鲁宁；同时却绝非匹夫之勇，做事相当有分寸，否则也不会先礼后兵好言相劝不成再关入大牢；此外，也相当有担当，即使被绑上了金銮殿，也决不会放弃自我的立场。

因为篇幅问题，我们也就不再做更多的介绍了。总之鲁宁事件之后，刘大人算是发了迹，虽然不敢说是青云直上，但也至少算一个萝卜一个坑地稳步升官，高宗显庆五年（660年），唐朝联合新罗攻取百济，此役中，刘仁轨也奉命出战，担任水军统领。

不过，刘大人主要负责的是后勤粮草，而非攻城略地。

这主要是因为他没作战经验，事实上除了早年当过几天大头兵之外，刘仁轨后来担任的几乎都是文职，并没有怎么带过兵，也基本上没怎么打过仗。

其实这次跟倭国打本来也用不着他冲锋陷阵，只是天有不测风云，当时真正管打仗的左卫中郎将，熊津（今韩国公州）都督王文度突发疾病死了，这才让刘仁轨这个管后勤的从幕后走到台前，负责水路的攻略。

8月17日，四国双方水师聚集白江口，大战一触即发。

唐朝兵力大约七千，战船一百七十艘；倭国兵力一万上下，战船数量则超过了八百。

一方是七千人一百七十艘船，另一方是一万来人八百多艘船，知道这意味着什么吗？

第十二章　宝皇女

没错，这意味着那八百多艘都是小船，属于军舰里的碰碰船。

当刘仁轨第一眼看到满江扑面而来的倭船时，着实吃了一惊，还以为是附近渔民集体跑这儿捞外快来了，再仔细一看，发现真的是倭国的战船，于是非常淡定地下了命令：不动如山。

而倭军那边也很快发现了自己的劣势，故而从一开始他们就打定主意要以数量取胜，领兵大将朴市秦造田来津下令全军冲锋，自己站在船头大喊："只要我们拼死往前冲，敌军自然就会退了！"

他说的没错，唐军真的退了。

望着汹涌而来的倭军越来越近，刘仁轨命令先头部队往后避退，以诱敌继续深入。

大概也就一个多小时，八百余艘倭船大部分都开进了唐军的船阵之中。

刘仁轨下令：放火箭。

火箭就是弓箭在箭头上点火，可以让自己的攻击附带燃烧伤害。

很快，倭军船阵里一片火海，士兵们哭爹叫娘，或被火烧死，或跳海淹死。

但朴市秦造田来津却依然保持着高度镇定，并且又大喝一声："我们也放火箭！"

这又不是什么高技术的玩意儿，你有，我也有。

于是倭军也弯弓拉弦，万箭齐发，因为人多箭也多，所以场面比大唐的还要壮观。

但很快，一幕让他们绝望的剧情上演了。

弓是一样的弓，箭是一样的箭，只不过船是不一样的船。

唐军的战船楼高甲厚，小时候背着爹妈偷偷玩过火的熊孩子都知道，容易烧起来的只有纸片薄木片，真正的厚木板是很难被点燃的。

所以倭军的火箭对唐军基本上没有作用，偶尔人品大爆发一下射在了易燃易爆物品堆放点上了，那希望的火苗也会被唐朝士兵以最快的速度所扑灭。

远程的不行，那就来接近战吧。

已经被打急了眼的朴市秦造田来津决定孤注一掷，下令全军划足桨力，朝唐军阵中冲去。

他的意思其实也很明确：我一条船撞不翻你，我十条撞你一条总能撞沉吧？

不得不再一次地重复一句：船和船，真的是不一样的。

倭船想跟唐船玩冲撞，这种感觉就跟拿鸡蛋往石头上碰差不多，你拿一百个鸡蛋砸在一块石头上结果只能是一地蛋黄，很快，海面上不再火海一片了，而是漂浮着一水面的碎木板。

朴市秦造田来津疯了，造了一辈子的船，带了一辈子的水军，堪称是日本历史上最早期的水战专家的他，被一个头一回打水战的老头子（尽管他未必知道）给"虐"成了这样，于是一下子就失去了理智。

在仰天长啸一番后，朴市秦造田来津提起战刀，冲向了已经跳上船来准备将自己生擒活捉的唐军士兵，一口气连杀数十人，但终究还是因寡不敌众而被活活砍死在了船上。

这就是命啊。

经过一天一夜的奋战之后，倭国水军沉船过半，不得已退走岸上。而陆上部队在亲眼目睹了水军惨状之后，也顿时斗志全消，纷纷表示这仗没法打了，于是也从各个据点内撤出。水陆两军会师一处后，立刻马不停蹄地展开了胜利大逃亡。当年的9月19日，前来参战的数万倭军全数离开朝鲜半岛，带着愿意跟着他们一起走的百济遗民浩浩荡荡狼狈不堪地逃回了倭国。

百济复国运动宣告失败，从此历史上再无百济这个国家的存在了。

而丰璋王则逃去了高句丽，后被唐军所俘，流放江南，不知所终。

两国第一战，以唐朝的大获全胜而告终，此役，唐军破倭船四百余艘，歼灭倭军万余，刘仁轨也因此名声大振，流芳史册。

公元1935年，适值中日战争一触即发的时候，一代学术大师傅斯年中年得子，取名傅仁轨，为的就是纪念这位在白村江大扬国威出尽了风头的刘仁轨。

值得一提的是，这次大战原本说好要来的高句丽虽然自始至终没出现过，但绝非是这伙人放鸽子。他们一直在北面跟大唐对峙，而大唐也确实不得不分出一部分力量来防止他们的偷袭，我可以很负责地讲，如果这次没有

第十二章　宝皇女

高句丽的牵制，一旦唐朝全力以赴打过来，那倭国绝对会死得更难看，而傅斯年的儿子则很有可能要改名叫傅仁贵。

不过，尽管是一败涂地，用日本人自己的话来讲叫作"须臾间兵败如山倒"，但在这场战争中，倭国的表现倒也不是一片漆黑，还是有一些能让后人（只是日本人而已）津津乐道并小小引以为自豪的故事的。

却说在白村江之战中，倭国那边除了战死的，还有很多被俘的，其中有五个人，分别叫大伴部博麻、土师连富杼、冰连老、筑紫君萨夜麻和弓削连元宝儿。你不要奇怪他们的名字，当时日本仍旧没有自己的文字也没有系统的语法，人名只能用汉字来表达读音，就跟你学英语把谢谢标"三克油"一样。反正这五个人估计平时关系很铁，一起打仗然后一起被抓，接着又一起被送到了长安。

到长安之后，就没人管他们了，于是五人组就成天四处打探如何回日本，当时长安城里头大家都在谈论大唐和倭国的会战，各种小道消息满天飞，坊间还传闻说唐军准备胜勇追穷寇，跨海打到倭国去。

这本是人家茶余饭后的谈资，但那五个人却真的相信了。

信完之后他们就急了，心想当俘虏已经够凄惨的了，这要再当亡国奴那哪还有脸见祖宗啊，横竖得把这个消息送回国内，让祖国人民有所准备不是？

就这样，问题又绕回了起点：如何回国？

其实回国不是问题，关键是路费，五个人身上没一分钱，船家当然不肯帮他们渡海，只要解决了金钱问题，自然也就能回家了。

正当他们各自琢磨着是去搬砖还是摆摊来挣钱的时候，大伴部博麻发话了："要不你们把我卖了吧，然后用卖得的钱，当做路费。"

他说的卖不是卖窑子，而是卖去当奴隶，唐朝时的中国流行用各种外国人当奴仆，市场上连黑奴都有，学名昆仑奴，倭国奴应该也有人买，尽管可能价不高，但换几张船票应该还是问题不大的。

四个人齐声叫好，当场就把大伴部博麻送去了人肉市场，接着买了船票就回了倭国。

而大伴部博麻在长安一直干了30多年的苦工，才被后来的遣唐使给搭救回了国。

然后他受到了时任持统天皇的亲自接见，天皇都被这苦人儿给打动了，不仅赏赐了财宝和土地，还在史书中大书了一笔。

与此同时，大伴部博麻的这种自我牺牲精神也教育了后来一代又一代的日本人，到了江户幕末，甚至还被尊攘派刻成了碑四处宣传（估计可能是桂小五郎干的）。

我之所以要说这个跟冷笑话一般感人的——或者说是"有趣的"小故事，是为了告诉你两件事：第一，大唐对于战俘真心挺优待的，不砍头不坐牢任你到处溜达，只要有钱就能回家；第二，那就是唐朝并不打算乘胜追击把倭国给攻下来，不然就会跟多年前准备对百济用兵时一样，不让一个日本人回国。

但当时倭国人并不知道这点，战败的消息传来以后，全国立刻陷入一片恐慌，人人自危，都觉得看不到明天的太阳了。

曾经有史学家把白村江战败评价为日本两千多年历史上最大的两次亡国危机之一。

另一次是昭和二十年（1945年）第二次世界大战战败无条件投降，日本列岛面临着被美国占领后瓜分的危险。

或许有点夸张，但倭国国内因此而产生的绝望和恐惧却是真的。

而朝廷那边也乱，应该说更乱，当时甚至有人把当年苏我入鹿的那套倭唐必有一战的论调给拿出来老话重提，这显然是针对消灭了苏我宗家的中大兄王子和中臣镰足，目的无非是想趁乱捞一票。

经过数个昼夜的紧急磋商，最终中大兄王子拿出了一套分两步走的方案。

第一步是抽壮丁。当时倭国国内几乎是见人就抓，抓到之后用绳子一套，送往九州北面修城墙堡垒，以期靠此来抵挡攻来的唐军。

第二步仍是抽壮丁。不过这些壮丁不用干活，而是当炮灰，即传说中的防人，还是到往九州北面，驻扎在第一批壮丁修建的各种工事里头，如果唐军来了，他们就冲出去送死，哦不对，对打。

不过实际上大家也知道，造城也好拉壮丁也罢，这些都是自我安慰，唐军要真的渡海攻过来，谁也挡不住。

所以中大兄又想出了第三步：迁都。

天智称制六年（667年）三月十九日，中大兄王子将国都从大和迁往大津（滋贺县）。

这其实说白了也是一步没啥太大意义的棋，但或许是大唐国力太强盛太厉害，使得中大兄也不得不如此这般地死马当活马医，只求个心理上的太平。

结果却并不太平。

自迁都大津后，中国人倒是没打来，但倭国内部却先乱了。

主要是因为大家都不喜欢新首都，理由是风水不好。

对于当时的大和民族而言，大和（奈良县）是一块风水宝地，主要因为那里有一座三轮山。

三轮山是日本的神山，自石器时代起，就有原始人在那里搞信仰崇拜，之后更是成了政治以及宗教的中心，因此早期的大和政权也被称之为三轮政权。现在中大兄王子要抛弃这块好地方，把首都迁去尚且还相对荒凉的大津，自然便会惹来诸多不满。

再加上迁都的同时还要把原先大和的一部分老百姓一起带过去，这种迫使人民群众背井离乡的行为，同样引发了民间的愤恨。

不过中大兄到底是扛住了所有的压力，将首都搬到了大津，每天立于王宫，遥望琵琶湖，坐观潮起潮落。

然而大唐终究是没有打过来，论其原因，主要是因为两家并无直接仇恨，再加之大唐举国上下对这个东邻小弟也没什么太大恶感，自然也谈不上要乘胜追击；其次，从客观上来看，倭国当时还不具备让唐朝出兵远征的资格，此时唐高宗最大的敌人是高句丽，他之所以要跟新罗一起打百济，主要是为了能对高句丽形成一个夹击之势，事实确实是这样，白村江之战后仅仅三年（666年），泉盖苏文刚死，高宗就再度出兵半岛，经过两年苦战，终于将高句丽这个一直悬在帝国东北的不定时炸弹给消灭了。

换言之，中日第一战的本质，实际上是唐朝本来就没想打倭国，也没空打倭国，结果倭国自己凑上来白白挨了一顿揍。

不过这样打一顿也有好处，百济彻底亡国之后，很多百济人都移民日本列岛，其中有很多知识分子以及技术人员，同时还有不少壮劳力，就这样，倭国因祸得福地又有了一次较大规模的产业发展。

（未完待续）